快適！ひとり好き！

いくつになってもセンスよく！

秋川リサ
AKIKAWA LISA

さくら舎

◎目次

第1章　人間、いくらだって変われる

他人と暮らすということ

第3章　センスよく生きる人

第4章　大人舌のたのしみ

第5章 「ひとり好き」の直言

快適！ひとり好き！

いくつになってもセンスよく！

第1章

人間、いくらだって変われる

何があろうとなんとかなる

大腿骨骨折で寝たきりに

「人は、そうそう変われないよ。ましてや、ある程度の年になったら」

多くの人がそう言う。私も漠然とそう思っていた。いや、そう信じていた。

でも、変われる。いや、変わった。そう、私は変わった。

なぜだろう？


40代で大腿骨骨折《だいたいこつせつ》をした。しかも、自宅で！　しかも、年末の仕事納めの日！

当時住んでいた家は、半地下にお風呂場があり、そこにお湯を入れにいった。

そして、階段を1段踏みはずし、骨折した。

でも、それに気がつかず（えっ、私、鈍感？）起き上がってお風呂の給水をセットして、気を失った。

その年の7月8月にあった全国ミュージカル公演で仲よくなったダンサーたちと、忘年会を自宅でしていたときだ。

ひとりのダンサーが、次のミュージカルのためのレッスン後に参加したので、お風呂で汗を流したいという。その要求を快諾した結果、私はお風呂のお湯張りにいって、大腿骨骨折してしまったわけだ。

あっ、もちろん恨《うら》んでなんかいないよ。そのおかげで、私は変われたのだから！

お風呂場で気絶している私が発見されたのは、結構時間が経《た》ってからみたいだ。

なんせ私は、気絶していたので、わからなかったのだ。

いつまでも、お風呂場から戻ってこない私を心配した共演者が見にきて、倒れている私を発見した。

後に医者に言われた。

「よかったですね。風呂場で気絶すると、たまに湯船に顔つけている人がいて、お湯が上がってきて、窒息死《ちっそくし》する人がいるんですよ。あなたは洗い場で気絶していて、ラッキーでした」


救急車で運ばれて、大腿骨骨折といわれ、即入院となった。

当時の大腿骨骨折の完治は、4～5ヵ月以上と言われていた。

いまは、全然治療法が違うみたいで、骨折個所を数本のネジでつないだら、すぐにリハビリもおこなうようだが、当時は手術も待たされたし、ネジで固定しても2ヵ月近く絶対安静で、動かせるのは胸から上の上半身だけ。ずっと寝たきりだった。

ネガティブ思考が消える

手術が終わり数日経って、私は途方にくれた。4～5ヵ月の入院。

私の仕事は、私自身が現場に行かなければ、一銭にもならない仕事。しかも、現在住んでいる家をつくるためのローンを抱え、設計図が出来上がってくるのを待っている時期だった。

そのうえ、5月から始まるミュージカル「アニー」のポスター撮影も骨折する前日に終わっており、キャスト発表もすんでいた。

どうしよう。「アニー」を降りるなんてことになったら、きっと信頼も失い、もう次の仕事なんて来ないかもしれない。

ローンの支払いだって、待ってはくれない。子どもたちの教育費だってかかる。シングルマザーになっていたから、相談できる相手もいない。

どうしよう！どうしよう！ばかりが頭を駆けめぐるだけで、なんのアイデアも浮かばなかった。


看護師さんが、毎日ご飯を枕元に届けてくれる。右側のテーブルに食べ物、左側のテーブルにおまるが置かれる。看護師さんと交わす会話だけが一日の会話で、あとはテレビがお友だち！

気分が落ちるところまで落ちて、どん底の自分を哀れんでも、手しか動かせない現実に気づいたとき、急に可笑《おか》しくなってきた。

歩けるのが当たり前と思っていた。歩けるなんて、ありがたいことだったんだ。

広い家が欲しいと思っていた。ベッド1つと食事をのせるテーブル1つ、おまるが

1個あれば、人間生きていけるのだ。

そうか、家を建ててローンを払えないのなら、売ればいいんだ。


そんなとき、お見舞いに来てくださった先輩から言われた。

「あなた、ビーズ刺繡習《ししゅう》ってたじゃない。キャシー中島《なかじま》のキルト教室があるくらいなんだから、秋川リサのビーズ刺繡教室もあっていいんじゃない？　キャシーに相談してみたら？　それだったら、もしも前みたいに足が自由に動かなくても、座って仕事できるじゃない」

両手は使えたから、キャシーに連絡を入れたら飛んできてくれた。

「大丈夫、私に任せて」といった後の彼女の行動は素早く、あれよあれよと、その年の秋からのビーズ刺繡教室の開催が決まった。


本当に、キャシーは肝《きも》っ玉母さんだ。17歳から知っているが、ものすごくあったかい家族思いの人で、ユーモアにも溢《あふ》れ、そのうえ優秀な実業家なのだ。

ビーズ刺繡の田川啓二《たがわけいじ》先生にも、お教室を始める許可をいただいて、秋からのわずかなメドはついたが、さて、ミュージカル「アニー」はどうするか？

演出家の先生がお見舞いにみえて、言われた。

「気合で治《なお》せ！　待ってるから」

完治するまで退院はさせないという病院から転院して、車椅子でミュージカルの稽《けい》古《こ》に通い、折れた足に装具を着けて、杖《つえ》を持った足の悪いハニガン先生という設定にして、公演初日の前日に退院した。

でも、３ヵ月にわたるミュージカルのおかげで、私の足は、むしろ早く治ったように思う。現代の大腿骨骨折の治療は、すぐにリハビリをさせるように、無理にでも動いたことが結果的によかったのかもしれない。

歩けるだけでありがたい。半畳もあれば、人間生きていける。

家を持ちつづけることがたいへんなら、売ればいい。

そう思ったときから、見栄《みえ》や物への執着心がなくなり、私は解放されたような気がする。

ネガティブ思考だった私が、なにごとにもポジティブになった。
生きてるだけで、ありがたい。何があろうと、命さえあれば、なんとかなるさ。
どん底になったときこそ、アイデアが浮かぶ。
人間、いくらだって変われる。

センスよく生きたい

日々センス磨き

私は「センス」という言葉が好きだ。センスがいいね、って言われると、めちゃくちゃ嬉《うれ》しい。これはファッションや手土産を褒《ほ》められたときのことだけではなく、生き方も含めたことだ。

センスがいい、イコール感覚がよい。でもこの感覚って、人それぞれ違うだろう。名作と言われる映画を観ても、何が名作なのか全然わからないという人から、感動してもう一度観たいという人まで千差万別。

では、感動した人たちを集めて、どこに感動したかを話しても、映像の美しさ、あるいは主人公の生き方、名優の演技、ストーリーの重厚さなどなど、それぞれ感動の仕方も違う。

感動という感覚も千差万別なのだ。だから、センスが合う、感覚が同じって言い切ることはむずかしい。ジョークのセンスが似ているとか、味覚の感覚が合うとかはあっても、すべての感覚が瓜《うり》二つ、味覚、視覚、物事の見方や考え方、感じ方、意義、意見、意識などが全部同じ人など、いるはずがない。いや、いたら気持ち悪い。でも、いてほしいが絶対いない。

ただ、似た人はいる。似たセンス、似た感覚を持っている人は確かにいる。でも、このセンス、日々磨《みが》かないとだんだんくすんでしまう。

センスを磨くには、向上心が必要だ。センスに学問はいらないが、知性は必要だ。「自分磨き」という言葉が流行《はや》ったが、自分磨きは若い人がするのもいいが、まさに私たちの年代こそしなければいけないのかもしれない。

都会では70代、80代のジジ、ババが集まって、昼からスナックでカラオケをするのが流行っていると聞く。最近はスナックの夜営業より、年金生活者相手に〝昼スナック〟したほうが安定収入を得られるので、夜は早く閉めるスナックもあるという。

別に、ジジ、ババ揃《そろ》って昼飲み、カラオケを否定しているわけでも、非難しているわけでもない。ただ、そのときに、どんな話を、どう楽しんでいるかが問題だ。若者や嫁の悪口大会で盛り上がるのは、いただけない。悪口や人の不幸は蜜《みつ》の味と、それにどっぷり浸《つ》かっちゃいけないよ。

どこの病院の先生が親切だとか、どこのお寺のお墓が安いとか、サプリを何種類飲んでるとか、そんな情報交換、本当にしたい？

腰が痛い、私は膝《ひざ》が痛い、私は腕が上がらない、病名連ねて、病気自慢して、なんになる。挙《あ》げ句《く》に、回りくどく何度も同じ話をし、男たちは若かりしころの武勇伝に酔い、女たちは夫のかつての役職自慢に始まり、孫やペット自慢をする。しまいには年金生活者だからと、飲み代値切り、年寄りを武器に、

「あーあー、年はとりたくないねー。物忘れも激しいし、ボケちゃったら皆さんよろしくね」

なんて言われても、何をよろしくするんだよ。

若者より長く生きている人間の先輩として、情けない。悪口を言っている若者から、老害と言われても、言いわけできない。

確かにいまの70代以上の人は、人のため、会社のため、お国のために生きてきたかもしれないが、子どもたちも巣立ち、伴侶《はんりょ》も見送ったいま、せっかくの最後の独り立《ひと》ち、いやむしろ、やっと自分のためだけの人生を送れることを、人任せ、国任せにせず謳歌《おうか》してほしいのだ。

かつての栄光や昔の名刺など、人生最後の独り立ちには、なんの役にも立たないと思ったほうがいい。

脳は欲望に満ちている

いまが大事！　いま、どう生きるかが大事！

確かに、体力が衰《おとろ》えたことは否《いな》めない。でも、まだ脳は欲望に満ちている。知識を蓄えたい、知能を向上させたい、見識を広めたい、これぞ私の脳が願望していること、この要求に応えたいのだ。

面倒くさいなんて言っているほど、時間はあまっていない。

若者が自分磨きをするのには、競争意識もあるだろう。人より素敵に見えたい。誰かと比べられて、優位に立ちたいと思うことは悪いことではない。外見も内面も磨いて人より優《すぐ》れたいと思うことは、大いに結構な向上心だ。

でも、60代の自分磨きは、自分の残された人生のための向上心。何を食べるから始まり、何を見、何を知り、何を学び、何を楽しみ、この何?を選ぶには、センスが必要だ。

いまや、溢れるほどの情報が電子機器から垂《た》れ流される。感動や共感できるものあれば、嘘《うそ》や相手を傷つける目的のものまである。

いい年して、すべてを信じるばあさんにだけはなりたくない。知性やセンス、感覚がある程度研《と》ぎ澄まされていないと、嘘や中傷を見抜けず、間違った情報を信じこんでしまう。

下手すりゃ、詐欺《さぎ》にだって遭《あ》いかねない。年々、手口が巧妙になっている電話やネットでの詐欺。

「わたしゃ、年寄り、アナログでいいのさ」

なんて言っていたら、ネット詐欺には遭わないだろうが、電車にも乗れない時代になってしまう。

タッチパネルの前で、オロオロしないためにも、若者文化に迎合するのではなく、ある程度は時代の流れについていかなければ生きにくくなってしまうのが現実だ。

（ひきこもりババアになって、ひとりで生き抜いてみせる）と粋《いき》がってみせても、娘が命名した「寂しがりやのひとり好き」の私には、やっぱり共有できる仲間や友人がたまには欲しい。

センスよく生きる！　これは高齢になればなるほど面倒くさいことも付随するかもしれない。いまさら、もういいよと諦《あきら》めたくなることも増えるかもしれない。

でも、せっかく人間に生まれてきたのだから、最後までセンス、感覚を磨くことが人生の醍醐味《だいごみ》なのではないだろうか？

着々と私流に断捨離

介護する側になって思い知った

断捨離をするって決めて３年目。
さっさとしろよと、自分を叱咤《しった》激励《げきれい》しながら、だらだらと進めている。
冬は寒くてねぇ！　夏は暑くてねぇ！　と言いわけしつつ。
なぜ断捨離が必要か？

もうちょっと長生きしたいとは思いつつ、いつぽっくり逝《い》っても不思議ではない年代。お世辞で、「若すぎますよね、60代の死は」くらいは言ってもらえるだろうが、だからって、だらだら生きて認知症になって、子どもたちに迷惑かけたくないと思いつつも、もうちょっと生きたい。
60代になって、死というものが身近に感じられ、ましてや実母が認知症になり、在宅で2年、2ヵ所の施設で5年の介護経験の末、母を見送った。

私も認知症にならないなんて、なんの保証も確信もない。いや、母が認知症になるまで、わが家は介護や認知症とは無縁《むえん》であると勝手に思いこんでいたから、介護が始まったころの私は、本当に無知な人間だった。

介護をする側になってはじめて、老いの現実も見たし、心身、脳みそまで健康元気で人生全《まっと》うすることは、奇跡に近いと知った。

母の認知症の進行はものすごく早かったから、ちょっとひどい物忘れから、お金が盗まれた、何日もまともなご飯を食べていないという被害妄想《もうそう》が激しくなり、お金を払うのを忘れて、あるいはお財布持ってくるのを忘れたと言いわけしつつ、万引きまがいの行動になり、ついには十数時間に及ぶ徘徊《はいかい》をするようになった。

在宅介護は家族関係まで壊れてしまいそうになり、母を施設に預けた。もう身のまわりのことは、母はできなくなっていたから、私が成年後見人になり、洋服の整理整頓から金銭面のことまで、すべてしなければならなくなった。

そんなとき、私は見てはいけないものを見てしまった。過去の手紙や日記帳、ずさんな金銭のやりとりや借金。

微笑《ほほえ》ましい過去の思い出ならまだしも、借金などは、私がなんとかしなければならないのだ。人として生まれてきたら、どんな人間でも、残念だが老いる。

（あいつ劣化した）

（私、少々劣化中）

なんてネットに書いたり、書きこまれているうちは、まだかわいいもんだ。表面的な老いなんて、いまの医療でなんとでもできる。本当に恐ろしい老いは、脳の劣化だ。認知症を治す薬は、いまのところない。そもそも原因だってよくはわかっていないのだから。

3人に1人が65歳以上という時代が、着々と近づいているこの国。

若年性《じゃくねんせい》アルツハイマーは、早ければ40代で発症するというが、60代で発症していないから、私は大丈夫なんて保証は何もない。認知症を予防する運動だ、食べ物だ、サプリメントだと、たくさんの情報は巷《ちまた》に溢れているけれど、だからならないという確証はない。

認知症は病気なんだから、家族が見守りながら支えましょう、なんて綺麗事《きれいごと》は現実には半年ももたない。だいたい、家族が最後まで認知症を認めないことが多いのだから。


「大丈夫、おじいちゃん、まだ運転できるから認知症じゃない」と言う家族が多い。昔のことは覚えているのが認知症。ただ、適切な判断力と行動力がなくなるのが認知症。だから事故を起こしても、不思議ではないのだ。

脳の活性化を怠《おこた》らないよう、私なりに頑張ってはいるつもりだが。たとえば、こうやって文章を書くこともそうだし、新しい知識や正しいと思える情報は貪欲に取り入れ、活用する。


「もう年だから、無理」

「面倒くさいから、調べるのやめる、知らなくてもいい」

これは、私の禁句だ。なんだって知らないより、知ってるほうがいい。そして、知った情報が自分に合っていれば、取り入れればいい。そうやってあと何年、生かしていただけるのだろう？

神のみぞ知る領域だが、もうちょっと頑張らせてほしい。

スッキリする半面……

で、なぜ断捨離が必要か？

いずれ認知症になるかもしれない私を、見送る人たちへの感謝のおもてなし。

せっかく縁あって、私の家族や友人になってくれた人たちに、「こんな趣味悪い服、好きだったんだ」は笑い話になるけれど、残された者が傷ついたり、迷惑がかかる文章や書類は、認知症になる前に破棄することが望ましい。

よっぽどの高価なものでない限り、形見分けなんてしない時代なのだから、生きてる間にあげたいものがあったらあげちゃう。家具は最小限にすると、部屋が広くなりますよ。食器類は高いから、お客様が来たときになんて言ってないで、どんどん日常で楽しんで、欠けたものは処分。

洋服も、いつか着るかも、はやめましょう。たいてい着ないんだから。それよりは、クローゼットを整理して、いまやファストファッションで、お手軽値段で洋服も手に入る。

昔は黒い服が多かった私だけれど、年をとると明るい色のほうが顔と気分を明るくしてくれる。

1着買ったら1着処分。靴も一緒。整理整頓をすると、気分も軽くなり、品数が少なくなると、出して使ったらすぐに元に戻すことができる。結局、ごちゃごちゃしていると、見つけるのに時間がかかる故、また買っちゃったりしてきたんだよね。

しまっておくものには、それぞれの居場所が大事で、そこが満員電車になっていないと、すぐ見つかる、すぐ使える、すぐかたせる。

台所も同じ。急の来客にも、焦《あせ》らないですむ。小さくても納戸《なんど》があると、便利。クローゼットを整理して、半分を納戸にしたら、掃除用品や次に処分したいもの（バザーとかに出すもの）を置けて、本当にスッキリ。そして子どもたちには、私に何かあったときのために、保険証や通帳、ハンコの場所と暗証番号は教えている。

ただ、３年もかかっている理由の一つは、あんまりにも断捨離してスッキリすると、ぽっくり突然、逝かされるのではないかという不安があって、だらだら３年かかっているわけだ。

大人になってわかった自分

私は「お願い、わかって」ちゃんだった

若いころ、私は「お願い、わかって」ちゃんだった。

ひとり歩きする自分自身のイメージ。コマーシャルや雑誌の企画で、明るくのびのび元気に育った、なんの悩みもない女の子。

いま思えば、ありがたいこっちゃ！じゃないか？

小心者で、自分に自信がなく、些《さ》細《さい》なことにグチグチ悩み、それをわかってもらえないと、また被害妄想的考えになる。

「なんで、みんな、本当の私をわかってくれないのだろう？」

「なんで、みんな、私の本心を知ろうとしないのだろう？」

私の本心や本性を、コマーシャルや雑誌で振りまくなど、スポンサーサイドにはい

い迷惑なことだったと、いまになれば、

（バカだね！　私も、ある意味、いい気になっていたのかね！）

と、自分の馬鹿さと若さを笑えるのだが。


当時は、「ねーねー、私をわかって、お願い、わかって」ちゃんだったわけだ。

「私、こんなに一生懸命仕事しているのに。私、こんなに一生懸命生きているのに」

ちょっと仲よくなると、誰彼かまわず、自分の一生懸命！さを訴えていた。

ある日、言われた。

「バカでも利口でも、みんなそれぞれ、一生懸命生きているんだよ。口では適当にとか、ダラダラやってるとか言う人がいても、それを本心だと思ってたの？　本当に？あなたひとりだけが一生懸命生きてる人？」

なにも答えられなかった。

自分をわかってもらいたい、それ故に、自分の立場ばかり主張して、まわりを見ていなかった。結局、自分勝手だったわけよ。図々しかったのね。自分ひとりだけが一生懸命だなんて。

仕事を一生懸命する。当たり前のことだ。好きな仕事だとか、好きではないとか、自分に向いているとか、向いていない仕事とか、目の前にある仕事にそんなことを言ったら、仕事に申しわけない。

仕事をすることで、金銭の報酬を得、自分の生活ができる。うちの場合は、親と祖母の生活もかかっていたが、仕事があったからこそ、みんなの生活が安定した。

仕事、さまさま。

そんなありがたいものを、一生懸命するのは当たり前なのだ。

一生懸命や頑張るは口にしない

「一生懸命しています」とか「頑張ります」って言うことが好きでなくなったのは、いつごろからかな?

これらの言葉に、青くささを感じるようになったころからか?

若きアスリートたちや○○の新人たちが口を揃えて、「一生懸命やります」とか「本気で頑張ります」と言うのを聞いて、

（そりゃ、当たり前だろう。そういう立場なんだから、もっと違う表現はできないのか）

なんて感じるのは、私だけ？　まあ、インタビュアーたちも押しなべて、この返事を待っているし、聞いた側も優等生対応に安心するのだろうが！

自分も若いころ、これらを連発していたのだから、とやかく言える立場ではないが。最近、私はあまり言いたくなくなった。一生懸命や頑張るは、生きていくうえで当たり前のことで、本来は青くさい言葉ではないと思っている。

やたら最近出てくるのは、頑張る主婦、頑張るお母さん、頑張るサラリーマン、そしてその後に続くのは、忙しい、たいへんよね、疲れるよね、という言葉。

本当に、それだけなのかな。一生懸命頑張って、結果が疲れるだけならやめたほうがいい。そこに、達成感とかは感じないの？　多忙な日々が続いても、そこに充実感は感じないの？

私はシングルマザーで、育児と仕事を両立させて（あー疲れた）と言う日も多々あったけれど、幸福感のほうが疲れより上まわっていた。

寝る時間もないほどのスケジュールで、たいへんな仕事もあったけれど、出来上がった作品を見て、スタッフとの連帯感と達成感を覚えて涙が出た。

忙しいなんて、ありがたいことだ。

朝起きて（今日、何したらいいだろう）なんて考えなきゃならなくなる前に、自ら忙しさを求めたほうが、日々の充実感を持てるんじゃないか。

過労死するほど仕事をしろ、自分自身が壊れてしまうまで育児や介護をしろとは言わないが、自分自身を自分で褒めてあげたくなるような、一生懸命頑張ることは悪くはないはずだ。

だから、一生懸命頑張るは、私は心に秘めても、口に出して言いたくなくなった。

知らない人から「頑張ってください、応援しています」と声をかけられることがある。

「ありがとうございます」と、にこやかに大人対応するが、じつは何を頑張れと言われているのか、意味がわかんない。

それに、他人のために私が何を頑張れば、応援が続くのか、それも意味がわかんない。いや、じつは社交辞令的、テレビかなんかで見た人の私への気軽な挨拶なのだろうが、内心、充分頑張っている私に、

「これ以上、何を頑張れって言うんですか？」

「なんであなたのために、私が頑張らなければいけないんですか？」

「あなたこそ、自分で頑張ればいいじゃないですか」

って喧嘩《けんか》売りたくなっちゃう。もちろん、しないけどね。

「いろんな番組やお芝居に出て感動を与えてください」

と言う人もいる。これも社交辞令の挨拶なのだろうが、いやいや、これには困ってしまう。

だいたい、いろんな番組や芝居にこっちから出たいと決められる立場ではない。

私たちの仕事は、感動を与えるのではなく私が表現したことで、お客様にあわよくば、なにかしら感動していただければ、もうそれだけでありがたい。感動を与えるな

んて、おこがましい。

自分勝手さや図々しさ、独《ひと》りよがりやおこがましさを日々封印しつつ、今年は禁句でもつくってみるか？

疲れた、一生懸命、面倒くさい、無理、言いわけ、頑張る……。

やっぱり無理だ。禁句を増やしたら、文章も書けなくなり、言いわけもできなくなっちゃうよ。

才能はまだまだ眠っている

80歳を過ぎても進歩する人

人間の才能は、いつ発揮されるかわからないものだ。

定年で仕事を辞めて、母親の介護をしながらパソコンを学び、80歳でプログラミングに挑戦し、81歳でアプリ開発をし、アップル社にも賞賛された日本人女性がいる。

人生100年時代を見据えた、柔軟な思考法。ついに、国連でも講演をなさったそうだ。

「80過ぎたら、人は進歩しないと思われがちですが、必ずしもそうではないんじゃないかしら。私だって、この年齢でも少しは進歩している」と、さらっとおっしゃる。

そう、私も日々（人間死ぬまで成長）と心に誓い、頭脳の成長、心の成長を、ときに怠《なま》けたくなっても、自分を叱咤《しった》激励《げきれい》して、毎日を過ごそうと思っている。

だからこそ、1935年に生まれて、いまなお現役の女性の生き方、考え方にふれると、勇気が湧《わ》く。

「でも、その人、60代よりもっと前にパソコンに出会っていたら、もっと早く、もっとたくさん、アプリも開発できたんじゃないの？」

と言った人もいたが、そういうことではないと思う。自分の人生に新風をもたらす物や人との出会いは、その時期に出会ったことが必然であり、運命なのではないかと思う。


「私は努力をしていない。好きなことをやっていたら結果的に成功した」

アメリカの発明家、エジソンの名言だが、彼が言うように、好きなことに出会うということは、意外とむずかしい。

ましてや働き盛りの年代には、仕事に追われ、好きで始めた仕事だったはずでも、文句も言いたくなるわ、やめたくなるわ、だから、エジソンの言う「私は努力をしていない」と言いつつ、好きだという気持ちを大切にして、結果がすぐ出なくても諦《あきら》めない、放り出さない、逃げ出さない。葛藤《かっとう》の末、嫌いにならない努力はかなりしたんじゃないだろうか。

エガミチャンの快挙

好きなことで身を立てる。これは、たいへんむずかしいことなのだ。

もう30年以上のつきあいになる飲み仲間に、江上真悟《えがみしんご》さんという役者がいる。

私が30歳のとき、下北沢の本多劇場で上演された「カリギュラ」の舞台で共演した。1ヵ月近い稽古の帰りにはよく一緒に飲みにいった。

それから10年後、今度は池袋のサンシャイン劇場の「マクベス」でご一緒した。

この作品は次の年、京都公演、さらに次の年は大阪公演となったので、京都、大阪でもよく一緒に飲んだ。

彼は文学座の演劇研究所を出た人で、由緒《ゆいしょ》正しき王道演劇集団を経て役者になった人の多くは、酒酌《く》み交わしながら演劇論で相手を論破したり、時には喧嘩になったりするのが多い中、彼との飲み会は笑いが絶えない、最高のストレス解消になる酒席だった。

なんといっても、彼のジョークは絶妙で、お腹抱えて笑うこともしょっちゅうだった。

　その後、私がいまの家に引っ越して、近所で買い物をしていたら、

「おーい、リサ、こんなところで何してるの？」

「ああ〜〜エガミチャン、久しぶり。あなたこそ、ここで何してるの？」

「えっ、俺の家、すぐそこ」

「あら〜じゃ、ご近所さんじゃない。私、引っ越してきたの、この街に」

　その日から、しょっちゅう近所で飲むようになった。娘もお酒が飲める年頃になると、一緒にくっついて来るようになった。

「ママ、エガミチャンって、最高！　彼のジョーク、本当におもしろい。ママが落ちこんだら、エガミチャンと飲むといいよ！　最高のストレス解消法だわ」

　なにしろ彼と飲むと、信じられないくらい、笑って、笑って、笑って、そして元気が出る。彼を悪く言う人に出会ったことがない。

　一度でも、彼と飲んだことがある近所の人たちは、みんな彼のジョークの虜《とりこ》になってしまう。

「あんな、おもしろい男には会ったことない。毎日でも、一緒に飲みたいよ」

わが町には江上ファンがたくさんいる。

そのエガミチャンが快挙を成し遂げた。

第34回産経国際書展新春展で、一般応募の部の最高賞である産経新聞賞に輝いた。

「エガミチャン、いつから書なんてやってたのよ？」

「3年前くらいからね」

「たった3年で、賞までもらっちゃったの。どこに、その才能隠れていたんだろう？」

「才能なんて、大げさなものじゃないよ。字を書くことが好きなだけだよ。夜中に、好きな字を、満足できるまで書きつづけることが好きなだけ」

エガミチャン、還暦《かんれき》間近になったとき、ある劇場のロビーで素晴らしい書の展示を見て感動、感銘を受けて、すぐさまその師匠の門を叩いたそうだ。

エガミチャン22歳、広告代理店に就職が決まっていた春、文学座の役者と出会い、研究所の試験を受けたら、受かって、役者になった。

「芝居も、書も、偶然の巡《めぐ》りあいがあって、いまに至るってことよ」

偶然の巡りあいこそが、必然の巡りあわせに違いない。


「リサ、一文字なんか書いてあげる。何がいい？　喝《かつ》、毒、魔とかどう？」

と言って、エガミチャンは笑った。

「う～ん、やっぱり、愛がいい。私の永遠のテーマだもん」

「いちばん書きたくない字、言うね～～。愛のない生活をしている僕に」


1ヵ月過ぎただろうか？

「出来たよ、愛」

素晴らしい、愛の書。一文字でもこんなに感動するんだな。

いや、一文字だから、これまた素晴らしいのだ。躍動感のある書体、愛が飛んでいる。

「ありがとう、エガミチャン、家宝にします。立派な額に入れて、リビングの壁に飾ります」

才能はいくつだろうが、その顔を出すときがあるんだね。

私にだって、まだ自分で見つけていない才能が、どっかに眠っているかもしれない。

エガミチャンのジョークも好きだけど、突然、書の才能を見つけ出したエガミチャンの生き方も大好きです。

第2章

「ひとり嫌い」のときもある

冬眠から覚めて

心がしぼんでしまって

２０１１年元旦を迎え、わが家で子どもたちとおせち料理を食べながら、お互い今年の抱負などを話したり、楽しい時間を過ごし、２人の子どもたちがそれぞれの家に戻っていった後から、なんだか心がフーッと小さくなっていくように感じた。

（もう、私の役目は終わったんだな）


15歳から働きはじめ、突然一家の大黒柱になり、21歳で結婚。仕事と家庭の両立を築かなければと思ったときには、時すでに遅し、25歳で離婚。

34歳、35歳で年子の母になり、バブル景気で爆走する男どもを尻目に、シングルマザーの道を選んだ。

２００８年秋、私の母の認知症は決定的になり、２年の在宅介護の末、２０１０年秋に母を介護施設に預け、娘もわが家を出てひとり暮らしを始めた。

息子は就職が決まった3年前にひとり住まいを選んだので、ついに私は、わが家でひとりになってしまったわけだ。

施設に入った母の介護は、在宅介護よりは手はかからないとはいえ、精神的にも経済的にも負担は大きかった半面、深夜徘徊《はいかい》をする母を追いかけまわさなくてもいいという安堵感《あんどかん》はあった。

子どもたちも社会に迷惑をかけることもなく、大病や大怪我《おおけが》をすることもなく無事に成人に達し、それぞれ正社員として就職をして、自力で家も借り、年相応の人生を楽しみながらの生活を謳歌《おうか》していることにホッとするはずなのに……。

これからは私の人生再出発、大いに自分のためだけの時間を楽しめるはずなのに……なんで、心がしぼんでしまったのだろう。

おせちの後片づけをして、１階の自室に戻ってそれから２ヵ月、私は３階にあるリビングダイニングに上がることはなかった。

軽い鬱《うつ》が再発していたのかもしれないが、1階の自室は玄関脇にあり、外に出るのも楽。トイレ、バスも2階途中にあるため、自炊をしなければ3階にあるリビングにはもう行く必要がなくなってしまったのだ。

冬眠状態に陥《おちい》ってしまったかのように自室で眠る、眠る、眠る。

もちろん仕事には行くのだけれど、終わればさっさと帰宅、近所の行きつけのカフェバーでちょこっと飲んでちょこっと食べて、1日1食で眠る。

なんだったんだろう、あの2ヵ月。

ゴキブリ事件がきっかけに

冬から春の気配を感じはじめた2ヵ月後、なぜその日に限ってリビングに行こうと思ったのか？

暖かい日差しに誘われたのか、冬眠から覚めたかのようにリビングに向かった。

誰も使わないと、さほど汚れないものだ。思ったほどチリも積もっていない。

冷蔵庫の中もおせちで材料は全部使い切ったから、調味料くらいしか入っていなかった。冬場だったから、窓も閉め切っていて、虫なども入ってこない。

と思ったリビングの中央に、幅1センチ、長さ3センチ弱の茶色い物体を発見した。干からびたゴキブリだ。

わが家ではいままで、ゴキブリをほとんど見たことがない。

1年に1匹くらい、さまようゴキブリを見るが即対処をするので、その後1年は見ない。だからわが家は、ゴキブリがいない家と思っていた。

北海道から遊びに来た友人が、

「北海道にはゴキブリがいないから、東京ではじめてゴキブリを見たときは気を失いそうになるくらい怖かった。リサん家《ち》はまわりに飲食店もたくさんあるじゃない？東京のそういうところは、下水道を通してゴキブリとかネズミが上がってくるって聞いたけど、ここは大丈夫なんだ。よかった」

また、彼女はこうも言った。

「私の北海道の小学校時代の友だちが関東の学校に転校してね、ゴキブリ見つけてカミキリムシの新種だと思って、虫かごで飼って、毎日、果物の皮とかあげてたんだって。ゴキブリだって、友だちに言われてすぐ捨てたらしいけれど、人間が絶滅しても生き残る太古から生きつづける貴重な虫と思ったら、夏休みの研究課題にするのもいいかもね」

そうだ、その太古から生き抜く、コンクリートさえ食べると言われているあのゴキブリが、どんな状況でも生き抜くと言われているあのゴキブリが、わが家のリビングの中央で餓死《がし》しているのだ。

こんなこと、わが家で起こしていいのか？　私！

いま思えば、子ども部屋などいらなかったかもと思える。なぜなら、彼らがそこを使った期間は息子10年、娘13年、建設当時は私も見栄《みえ》はっていたんだな。

子どもたちにもそれぞれの個室をつくり、私の部屋、おばあちゃんの部屋、いずれ子どもたちが孫を連れてきたときのためなんて思って、客間。

リビングダイニング以外に4部屋空いていて、あわててその4部屋にも何かしらが餓死していないか見にいった。

その夜、いつも行くカフェバーのマスターに、

「ゴキブリが餓死する家って、やばいというか、まずいよね。いっそ、売って、1LDKとかに引っ越したほうがいろいろ楽になるのかなぁ」

と言いながら、内心ではなんとかこの家は残したいと思っていた。なぜなら、子どもたちの実家を私がつくったという自負《じふ》もあったから。

マスターが言った。

「東京、空き家増えてんですよね。もったいないよね。リサさんの所も空き家みたいなもんですよ。部屋活用してないもんね。貸せば？」

「えっ、じゃ、私はどこに住むの？」

「いや、いや、そこに住んででいいんですよ。シェアハウスって知りません？　部屋貸し！　昔の書生さん置くって感じの現代版、これからこれ、流行《はや》りますよ、シェアハウス」

それからの私の行動は早かった。

まずは全部屋の徹底掃除からはじめて、壁の修繕も業者に頼んだ。
シェアハウス専門の不動産屋を探し、写真撮影。
入居条件を決めて、募集。
もう冬眠などと言ってる場合ではなくなった。
春とともに同居者を増やす。
だけど、まさかあんなに子どもたちから反対されるとは、これだけは想定外だった。

シェアハウスは私に向いている

部屋を借りられない外国人に

2011年4月、娘に、「ママ、シェアハウスを始めるわ」と言うと、「無理、無理、絶対。ママ、自分の性格、わかっているでしょう。ママは他人に厳しい人でしょう。そんな人が、シェアハウスなんて無理」と言われた。

息子にも、「世の中いい人ばかりとは限らない。変な人にでも入ってこられたら、夜もおちおち寝てもいられない。シェアハウスなんてやめときなさい」と言われた。

それでも、私は不動産屋さんにシェアハウスを始める下準備をしてもらっていた。

娘から電話が来た。

「知りあいに、ママがシェアハウスを始めるみたいって言ったら、『そんなにあなたの実家、お金に困ってるの』って言われたわ。そうなの？ お金に困ってるの？ 仕事うまくいっていないの？　だったら、私やお兄ちゃんに相談してよ。手助けできることもあるんだから」

そうか。シェアハウスを始めるというと、お金に困ってという発想を持つ人もいるのかとはじめて気がついた。

空いている部屋を貸して、お金も入ってくるのは決して迷惑なことではない。むしろありがたいことだが、私のいちばんの目的はそれではなかった。

外国から日本に働きにくる人や、日本の文化や日本語を学びにくる留学生たちが、ちゃんとしたビザを持っていても、なかなか部屋を借りられない。

あるいは不動産屋によっては、外国人はお断りというところもあると、当時（２０１１年）結構多くの人から聞いていた。

９・11アメリカ同時多発テロ事件以降、とくにイスラム圏の人たちは、どこの国でも部屋や家が借りづらくなってきている時期だった。

実際に、娘の大学時代の同級生でドバイから日本の文化を学びにきた青年に、日本人の保証人がいないと、お金はちゃんと払えるという証明書を出しても部屋が借りられないという相談をされたこともあった。

いまでこそ、ドラマにもなったくらいだから、誰でもシェアハウスがなんであるかは知っているし、その上、民泊の家も近所に増えて、スマホ片手に民泊の住所を探しながら荷物を引っぱっている外国人を多く見かけるようになったが、当時（２０１１年）はシェアハウス自体まだ、日本にはなじみも薄く、都内の軒数も少なかった。

週末にご飯会

「シェアハウスを始めるよ」と知りあいに声をかけると、すぐに借り手が１人見つかった。

不動産屋さんに、１人は見つかったので、あと３人募集してほしいと連絡を入れると、

「大家さんから住人さんに、何かメッセージはありますか？」と聞かれた。

「性別・国籍・宗教・ＬＧＢＴ一切問いません。いつか、アカデミー賞かノーベル賞を取ろうと思っている夢のある方、歓迎します」

私は本気でこう言ったのだが、不動産屋さんには一笑に付されて、このコメントは使われなかった。

最初の住人さんたちは、政治家を目指し政治塾に通っている日本人青年、香港から日本の商社に働きにきた女性グラフィックデザイナー、その友人で外資系金融会社で働く台湾人の女性、英語の先生をしながらアニメーションの通信教育を受けているオーストラリアの青年（彼はいま、アメリカのアニメーション会社でチーフになって、本気でアカデミー賞を狙《ねら》っています）。


２０１１年４月、４人の同居人が決まり、シェアハウスが始まった。

私も正直、他人と暮らすというのは、娘が言うように、私には向かないかもしれないという不安がなかったわけではないが、違う発見や喜びもあるのではないかという期待もあった。

そして、意外や意外、私は他人と暮らすのに向いていた。

家族だと、帰りが遅いと心配したり、玄関の靴の脱ぎ方が雑でイラッとしたり、部屋の掃除はちゃんとしているのかなど、いちいち気になって、わが子ゆえに口出しをしてしまっていたが、シェアハウスの住人は他人様。

他人様には他人様のやり方があり、性格も違う。ましてや、国も違うから、文化や考え方も違う。

ほどよい距離感を保つことで、イラつくこともなかった。

むしろ、誰かが帰ってきたなと、玄関の鍵《かぎ》を開ける音でホッとしている自分に気がついた。

強がっていても、ひとりで暮らすということに、私は寂しさや孤独を感じていたのだと思う。

それを、家に誰かがいるという気配で、私はひとりじゃないという安心感を持つことができた。

週末には、住人さんたちみんなで、ご飯会をするようになった。

もちろん、参加・不参加は自由で、強制ではない。

でも、当時の住人さんたちはとても甘え上手で、週末に調理に腕を振るう私を調子にのらせてくれた。

「おいしい、おいしい」と言って、みんなでテーブルを囲み、今週は会社でこんなことがあったけれど、これは日本独特な考えなのか？　と聞かれたり、日本の有名な祭りに行きたいがどこがいいかと、みんなで調べたり、来週は友人も呼びたいが一緒にいいかと言われ、気がついたら週末に10人は一緒にご飯を食べることが当たり前になっていった。


それぞれの情報交換をする場所にもなり、住人の友人が他の住人の友人になり、その輪が広がっていった。

私は寮母のような立場を大いに楽しめるようになった。

国籍の異なる文化の違いで、ときに戸惑うこともないことはなかったが、国籍や言葉の違いや文化の違いより、最終的にはその人の人間性が素敵なら、たいていのことは許せるものだと思えるように私はなっていった。


娘と息子が、たまにご飯会に加わるようになり、

「ママがこんなに、シェアハウスに向いてるとは思わなかったわ。楽しそうでよかった」

と娘が言えば、息子は、

「うちの母の生存確認、今後も住人のみなさま、よろしくお願いします」

と言って、みんなを笑わせて帰っていった。

他人と暮らすということ

フランスのドキュメンタリーが教えること

シェアハウスを始めたころ、フランスのドキュメンタリー番組を見たことがあった。独居老人（この言いまわし、あまり好きではないが）が住む一軒家に、赤の他人の女学生が同居していた。

フランス政府が推進しているそうで、老人ひとりが住む一軒家に学生に貸せる部屋があり、朝晩のご飯を学生が要求したときは、食事の用意をし、学校までの距離がある場合は、車などで学生の送り迎えができるのであれば、政府が賃料を払ってくれるのだそうだ。

ドキュメンタリーでは、老人と女学生が本当の祖母と孫娘のように見え、老人が運転する登校の車の中では、

「今日は寒いから、夜は温《あたた》かいシチューが食べたいわ」と女学生が言えば、

「任せて、私の得意料理よ。今夜は腕を振るうわ。おいしいパンも焼いておくわね」

とおばあちゃんが答える。

学校に着いて、おばあちゃんが、

「ちゃんと勉強するのよ。帰りのお迎え、今日は必要？」と聞けば、

「今日は友だちとお茶して車で送ってもらうわ。夕飯の時間までには帰るから、お家で待ってて」と女学生が答えた。

校内に入っていく女学生を見送ったおばあちゃんは、嬉《うれ》しそうに、

「さあ、いまからマルシェに寄らなくちゃ。なんのシチューがいいかしら」と言い、楽しそうに車を走らせた。

インタビュアーに、「他人と暮らすことに、不安や抵抗はないのか？」と聞かれると、

「不安？　何を不安に思うの？　未来あるこれからの国を背負っていく若者たちに、こんなおばあちゃんでもお役に立っていることが私の誇《ほこ》りよ」と答えた。

おばあちゃんは若いころにお嬢さんを病気で亡くし、その後はずっとひとりで暮らしてきたそうだ。

「だからね、孫と暮らす夢は諦《あきら》めていたの。だけど、政府の洒落《しゃれ》た計らいで、素敵な、しかも優秀な孫娘を私に預けてくれた。彼女が大学を卒業するまでは、私はくたばれないのよ。彼女が立派な社会人となって、私の家から羽ばたいていくまで」

もちろん相性もあるだろうから、このシステムを使って、独居老人が学生に部屋を提供しても、うまくいかなかった例はあるそうだが、おおむね双方満足し、学生生活が終わるまで同居を楽しんでいる人たちのほうが多いと、ドキュメンタリー番組は結んでいた。

生きがいになる役回り

私の住んでいるまわりにも独居老人は増えている。

私もシェアハウスを始めていなかったら、そのひとりになっていたわけだが。

母の介護をするまでは、近所の老人がお散歩をしているのか、徘徊《はいかい》をしているのかの見分け方もわからなかったし、独居老人が都会にこそたくさんいるということにも関心がなかった。

だが、自分自身がそうなって老いていくことで、体の健康はもとより、頭の退化、いつか母のように認知症になるのではないかという不安や、歩けなくなる日が来たらどうしようと心配ばかりが頭いっぱいになった日々に、ひょんなきっかけで、シェアハウスを始めて、本当によかったと思う。

ドキュメンタリー番組に出ていたフランス人のおばあちゃんの言葉にも、共感できたように、私も誰かのお役に立っている。

私の家からまた違う世界へ羽ばたいていく人たちに、少しはお力添えできたのではないかという自負もある。

これって、老いていく人間、もちろん誰しもが生まれた瞬間から老いていき、死を必ず迎えるわけだけれど、自分の老いを痛切に感じる年齢、私も含めた、もう老人と呼ばれても仕方ない年代に入ったとき、何かのお役に立っているということが、ものすごく自分への自信にもつながることだと私は実感した。

日本中に空き家も増えているという。

そのまま放っておけば、朽《く》ちて通行人の怪我のもとにもなると言われながらも、行政も手がつけられず、ほったらかしで、どうすればいいのかしらと、ニュースでもたびたび報道される。

独居老人が亡くなったのに、誰も数ヵ月間気がつかなかったという話も、いまや誰も驚かない。

私がもし資金をたくさん持った不動産屋なら、空き家をリフォームして、シェアハウスにしたい。

その一角に独居老人を住まわせて、管理人さんになってもらいたい。

たしかに、私よりもうちょっと年上の人たち、団塊《だんかい》の世代の人たちは、

「他人と暮らすくらいなら、孤独死のほうが気が楽だ」

と言う人も多いけれど、本当にそうか？　本当にそれでいいのか？

死ぬまで現役と言いながら、もうこの年になると雇ってくれるところがないと嘆く

より、最後は、人に必要とされるお仕事を。

人のお役に立つ。これからの社会を背負っていく若者や日本の文化や言葉を学びにきている留学生や、日本に働きにきている外国人たちに、人生の先輩として、なにかしらのお力添えができる人生も、悪くはないんじゃないだろうか。


年を重ねれば重ねるほど、孤独は心を痛める。

同居人がいれば孤独は解消されるのかと言われれば、そう簡単に解決できることではないけれど、他人様に何かをしなければいけないという役回りを持ってしまうと、あのドキュメンタリー番組のフランスのおばあちゃんのように、夕飯をつくるとか、送り迎えをするとか、そんな役回りでも生きがいになり、人生の誇りになる。

私もそろそろ、そういう役回りのお年頃になったということだ。

シェアハウスからの贈りもの

アメリカ人青年とシカゴへ

久々にアメリカに行く。

なぜかは後に書くとして、まず、成田空港の変わりように驚いた。

最近は、アジアに向けての渡航は、羽田のほうが近いし便利だという理由で、羽田を利用していた。だから、成田空港を利用するのは久しぶり。

かつては、成田空港開港直後から何度も利用していたが、当時の空港のイメージは、でかいコンテナをつないだ四角い建物という感じで、他国の国際空港に比べると、なんだか殺風景だなと思っていた。

もちろん、それはヨーロッパやアメリカなどのハブ空港と比較しているので、場所によっては、こぢんまりした国際空港もあるけれど、それぞれお国柄、場所柄を反映させた建物も多く、それらに比べると、日本の成田空港でありながら、お国柄も出ているようには感じず、なんだかなぁ、と感じていた。

今回行ってみて、驚いた。華《はな》やかになっている。そして、もう長いこと使っている空港なのに、きれいだ。

羽田が世界一きれいな空港として、来日した外国人たちがみんな、トイレの清潔感、ゴミひとつ落ちていない通路、行き届いた清掃を褒《ほ》めるが、成田も捨てたもんじゃない。

いまの日本人は、公共の場所の清潔感を大事にするのだろう。

かつて、１９６４年の東京オリンピックの際に、駅や車内から痰壺《たんつぼ》が撤去され、立ち小便は禁止され、外国人へのマナーも教えられたと聞く。

敗戦から高度経済成長へ向かっての、それまでの日本のイメージを払拭《ふっしょく》するためにも、国を挙げて国民に、よき日本！美しい日本！マナーのいい日本人！を演出したかったようだが、日本人の多くは、それにはあまり関心がなかったようだ。

昨今、他国でも、はじめてのオリンピック開催にあたって、同じようなことが伝えられているが、やっぱりオリンピック後に、マナーなり、清潔感なりが変わってきていることは否《いな》めない。

日本も、最初のオリンピック後の高度経済成長とともに、国際的な日本人、グローバルな日本人を育てていったことは、いまの日本の成長を見ると、成功したともいえるかな。

そう、話は成田に戻そう。

かつては、成田空港の各ターミナルには、結構お高いレストランが数軒しかなかったように思うが、いまや回転寿司やピザショップ、ベジタリアン専門店やショットバー、少し早めに行って、食を楽しむのもいい。さまざまなお土産屋さんで、お土産も買って。

私たちもそうした。

今回は、22歳のアメリカ人青年とのシカゴへの旅。

彼は日本で働くために、わが家に住んでいる。私の友人が、彼を紹介してくれた。

シカゴ大学の学生時代、交換留学生として2年間京都大学にやってきて、卒業と同時に、日本で働くことを決めたという。

彼、ザックは流暢《りゅうちょう》に日本語を話す。

「僕は早く単位を取ったから、4月から日本の新規採用の人たちと一緒に働くことにした。でも、両親が卒業式だけは出てって言うんだ。大事な家族のセレモニーだからって」

かなわなかった夢をかなえに

思い当たる、この両親の思い。

わが家の息子は、高校、大学とアメリカで過ごした。やはり、彼も早く単位を取り、新規採用で２００８年の4月から、東京にある企業で働きはじめた。

でも、卒業式だけはアメリカに戻って、出てくれるものと信じていた。そして、卒業式後、家族でアメリカ横断旅行をしたかった。

これは、彼をアメリカに送り出したときからの私の夢だった。

昔、何かの映画で見た、黒いマントに黒い四角い帽子を被《かぶ》り、卒業証書をもらった後、卒業生一同が空に向かって帽子を投げて、卒業の喜びを讃《たた》え合う。それを家族で見たかったのに。

「ママ、会社に入って研修期間中に、そんな長い休み取れると思う?」と息子に言われ、私の夢は見事に崩《くず》れた。

その話を、ザックを紹介してくれた友人から聞いたザックが、

「リサ、僕の卒業式に来ればいい。ママもパパも、リサに会いたがっているよ。一緒に行こう。そして、その後、僕のハリウッドの実家に泊まればいい」

彼は、新規採用の面接のときに、卒業式にアメリカに戻ることを入社の条件にしたという。

息子よ、何故、お前は、それをしてくれなかったの。

まあ、勤勉な日本人的であるともいえる。

ザックは、私の息子や娘とも何度も会っているので、話はトントン拍子に進み、アメリカ旅行は子どもたちと友人たちの、私へのお誕生日プレゼントということになっ

て、私はザックと成田空港に来たわけだ。

出国手続きも、昔とは違う。たった１枚の紙に記されている航空会社の情報を画面に打ちこみ、荷物を預け、税関を通る。

「リサ、卒業式の前祝い。飛行機の中で爆睡するためにも、たっぷり飲もう、お酒ね」

22歳の青年に、リサと呼ばれるのも、ちょっと嬉しい。

バーで飲んでいると、この不思議なカップル!?に、外国人はいろいろ話しかけてくる。

ザックが、事の成り行きを説明すると、

「コングラッチュレーション!!　夢がかなってよかったね！」と口々に言ってくれる。

シカゴまで、14時間。

こんなに飛行機の座席って、狭かったっけ？と思いつつ、いまや、航空業界も、いくらまで料金を値下げして満席にするかの、激戦商法。

誕生日プレゼントに子どもたちはアメリカの航空会社を選んではくれたが、エコノミークラス。

南米に1日以上かけてしょっちゅう出張している友人が、

「絶対、エコノミーで行くのは無理。せめてビジネスクラスでなきゃ眠れやしない」

と言っていたのを思い出した。

しかし、お酒のせいもあり、おかげさまで、なんとか眠れた。いや、無理やり寝たが、正直、今度は、ビジネスクラスにしたいなと思った。

シカゴで3日間過ごした後は、ハリウッドに行きます。

シェアハウスの住人・ザック

残念な卒業式

縁《えん》あって、ザックくんのシカゴ大学の卒業式に出席することになったのは、前に書いたけれど、卒業式当日は、朝から大雨で、野外での式典だからたいへんだった。

どこの国の親でも、親心は変わらないものだ。かわいいわが子の晴れ姿を間近に見たいと、10時から始まる式典の３時間前から、大勢の人たちがビニールの即席雨合羽《あまがっぱ》を着て席取り。

１４００人の卒業生に対して、親兄弟はもとより、祖父母、親戚までやって来る。私のような友人？というか、ホストファミリーも参加するから、ものすごい人数が集まっていた。

10時から式は厳《おごそ》かに始まった。

バグパイプの演奏・行進の後ろから、各学部の旗を掲げて（後でザックに聞いたところ、「あれは学部ではない。あの旗はそれぞれチームの旗」）よく意味がわからないので、リベラルアーツを調べた。

簡単に言うと、教養学部なのだが、アメリカ・ヨーロッパのリベラルアーツの大学は、4年間、人が持つ必要がある技芸の基本と見なされる文法学・修辞学・論理学と算術・幾何《きか》・天文学・音楽を学ぶこととはウィキペディアの説明だが、いまひとつ、意味がわからなかった。

ザック曰《いわ》く、

「そう、日本の大学と比べて、言うのはむずかしい。リベラルアーツの大学は、専門の学問を教えるのではなく、優秀な人間をつくるっていうことかな。

人間の基本、教養ある考え方、議論の組み立て方、適切な判断力、もちろん批判する考え方も含めて、4年間、人間づくりの勉強をするのね。

だから、何か専門分野を学びたかったら、その後、大学院で、たとえば建築とか、法律とか経済とかを専門的に学ぶの。

ちょっと日本の大学とは、システム違うかも。もちろん、大学で専門の学問を教える学校もあるよ。それは、だいたいカレッジって呼ばれてる大学」

いまひとつ納得できたわけではないが、大学のシステムは、だいぶ日本とは違うということはわかった。

うーん、わかったような気がする。

話がそれてしまったが、各旗のもと、１４００人の卒業生のパレードが終わり、野外ステージの前庭中央席に学生たちが座り、学長の挨拶に始まり、有名人のスピーチ（前日までザックとザックママは、オバマ前大統領かオバマ前大統領夫人を期待していた。毎年、このスピーチは、シカゴ大学に縁のある人がおこなうそうで、オバマ夫妻はふたりとも、シカゴ大学の卒業生だから）が続く。

だが、今年はシカゴ大学卒業後、ノーベル経済学賞を取った教授が（ごめん、名前忘れた）がスピーチをした。

その後、大学に功績のある教授や生徒たちが紹介され、本来なら、４時間近くかかる式典だそうだが、雨のため、演奏会などいろいろカットされ、昼過ぎに終わった。

出席者全員に、ビーフかチキンかベジタリアン用のサンドイッチと飲み物が振る舞われ、それらを食べ終わったころにやっと雨がやんだ。

午後からは、チームに分かれて、卒業証書授与。そして私が夢にまで見た、あの四角い黒いふさが下がった帽子を、やっと晴れた空に飛ばすあの儀式が見られると思いきや、全員に卒業証書が渡り終わり、さーーーみなさーーん帽子投げるタイミングだよ、となったそのとき、誰ひとり帽子を投げる者もなく、三々五々解散となった。

なんでーーー、雨上がりで、濡れているから？

泥がつくのが嫌だから？

えーーーー、長年の夢が、また見られなかった。

がっかり！

ハリウッド滞在

次の日からザックの実家に1週間お世話になった。

ハリウッドにある、とてもステキなお家だった。

パパは、ジャズミュージシャンのマネジメント会社のオーナー。

ママは、プロのカメラマン。

ハリウッドスターたちの写真もたくさん撮っている人だ。


ザックの卒業ホームパーティーには、ザックのおじいちゃん、おばあちゃんも参加した。


数学の先生をしていたおじいちゃんは、もうリタイアして御年86歳。

いまだプロの画家として絵を描いているおばあちゃんは85歳。

ふたりは、600キロ離れている町から、車でハイウェイを飛ばしてやってきた。

エネルギッシュでユーモア溢《あふ》れる彼らには、認知症など無縁のようだ。


35人の招待客の中には、いかにも〝ザ・ハリウッド〟と言わんばかりの人も現れた。

おいおい、その格好、ホームパーティーでするか？

セクシーである必要、ここではいらないでしょう。いかにもセレブ、お肌やボディラインのメンテナンスには大金払ってます的、上から目線の人の値踏みが趣味的女経

営者数人。ハリウッドで女がトップ張るのは相当の度胸と努力が必要だろうと感じる
いい見本だな。

ザックがボソッと言った。

「リサ、僕はあまりハリウッドが好きじゃない。人づきあいに、お金や仕事が絡《から》むの
はいいことじゃないよ。本当の友だちをつくるのは、ハリウッドではむずかしい」

もちろん、普通っぽい来客もたくさんいたが、ザックが言わんとしていることも理
解できた。

私は居候《いそうろう》として、サーモン寿司や太巻き、タイの柚子《ゆず》胡椒《こしょう》焼きを振る舞った。

次の日、おばあちゃん、おじいちゃんの要望で、しゃぶしゃぶをつくった。

調味料は日本から持っていったが、土鍋《どなべ》や簡易コンロがないので普通の鍋でやった
が、みんなとても喜んでくれた。

おばあちゃんもザックママも、次の日、土鍋と簡易コンロをアマゾンで買っていた。

シェアハウスの住人・キャロル

「私、ブスになった？」

１年前から、うちのシェアハウスに住んでいるキャロルが言った。

「ね〜リサ、私、ブスになった？」

キャロルは20歳のときに、アメリカの大学から交換留学生として、京都大学に１年間やって来た経験があった。

彼女は小さいころから日本文学や日本文化に興味があり、高校時代から日本語の勉強をし、アメリカの大学でも日本語を専攻したそうだ。

京都での１年間の生活は勉強漬けで、

「日本の大学生は、本当に一部の人しか一生懸命勉強しないのに、驚いた」

後日、キャロルは私にそう言って、こうも続けた。

「アメリカの大学は授業料も日本の大学より何倍も高いし、日本みたいに親が出す人は少ないわ。学生ローンを組むか、奨学金を取るか、なかには軍隊に行ってお金を貯めてから大学に来る人もいる。

日本の学生はほとんどが親がかりで、自分のお小遣い稼ぐためにバイトして、授業も卒業所要単位取れるギリギリしか出ない。本当にもったいない。大学生のときにもっと学べること、たくさんあるのに」

ごもっとも！　わが家の息子と娘も、アメリカの大学を出したので、私が生活苦になるのではないかと思うくらい、お金もかかったし、留年された日には、わたしゃ、破産だわ！と心配した時期もあったが、２人とも4年以内に卒業してくれて、ホッとした覚えがある。

キャロルは私に、

「リサも日本のお母さんなんだね。学生ローン組ませることは考えなかった？」

じつは、その当時、私にはその知恵がなかった。

いまだったら、あれこれネットで調べて少しは私も楽できただろうに！

もう後の祭りだ。

キャロルは、

「でも、リサの子どもたちはちゃんと勉強したってことだよ。アメリカの大学は、入るシステムも日本と違うけれど、入るより卒業するほうが、すごくむずかしい。私も最後の1年は図書館に入り浸って、友だちは本だけだったよ」と笑った。

キャロルは、京都大学に1年通った後、アメリカの大学に戻り、卒業して、2年前に東京支社がある外資系IT企業に就職をし、1年前からわが家にやって来た。

そして、あの質問、

「私ブスになった？」

「何？　何かあった。キャロルはブスじゃないよ」

彼女は、ブロンドに近い栗色の髪に、ブルーアイ、アメリカ人にしては小柄だが、スタイルもよく、ほとんどの日本人がきれい!!と思う子だ。

性格もいいし、明るく活発な24歳。知性派の文武両道、理想的な娘じゃないか。

そんな子が、なんという質問を真剣にするのか？

「顔もきれいだし、スタイルもいいし、心もブスじゃないし、なんでそんなこと思ったの？」と聞くと、

「私、高校生のころからひとりでカフェテリアにいたりすると、男の子が『もし、待ちあわせとかじゃなかったら、一緒にお茶しない』とか、声かけてくるし、街を歩いていても、誰かしら毎日、声をかけてくれた。

日本にはじめて来たときは、勉強に一生懸命だったから、気にならなかったけれど、働きはじめてもう2年、誰も私に声をかけない。

私、日本の中では、ブスなのかなって、なんか女性として自信なくしそう」

日本人の男友だち

なるほど。

たしかに、日本でもセンスないナンパするチャラ男はいるが、彼らはさすがに外国人には声をかけないらしいというより、

「俺、英語できねえし、外国人、無理」と諦めているのだろう。

私も若いころ、海外に行けば、

「どこから来たの？ もし、よかったら明日、ランチ一緒にいかが？」

なんて結構、声をかけられたこともあったわ！

もちろん、男側だって、下心はたっぷりあるのだろうが、

「明日は予定がある」と私が言えば、

「じゃ、明後日の夕飯は？」

「もう明後日は、この街にいない」と答えれば、

「それは残念、またいつか、どこかの街であなたに出会えたら、そのときは必ず一緒にご飯食べましょう。素敵な旅を」

なんて言われて、誘い方もスマートなら別れ方もスマート。


「あのね〜キャロル、日本には女の子を誘うのって、めちゃくちゃ勇気がいることと思っている男子が多いんだよね。

自信がないのか、断られたら恥《は》ずかしいみたいな、とくに、外国人っていうだけで、もう頭っから無理って思ってるんじゃない？」

「私、日本語しゃべれますよ。外国人の友だち欲しいとか、思わないの？女の人に声かけてOKと言ったら、すぐセックスのことしか考えないんですか？日本の男性は？　人間関係つくりたいとか、異文化を知りたいとか、友だち増やしたいとか思わないの？

そうしていくうちに、恋愛につながるかもだけど、まずは知りあわなかったら、なにも始まらないよ。

なに、勇気必要？　断られたら恥《はじ》？

まだ、私は日本の文化、全部理解できてないですね。残念です、自信なくします」

日本男子が外国の女性を誘わないのが日本文化かどうかはわからないが、たしかに、外国人というだけで尻込みする日本人は、男女問わず多くいる。

24歳の聡明で美しい彼女に自信をなくされると困るので、

「会社には、誰か素敵な人いないの。いろんな国の人たちが集まっているでしょう？日本人じゃない人のほうが、女性を誘うのはスマートだと思うけど」と私が言ったら、

「外国から日本に働きにきている若い男子は、ほとんどが東洋の女性がタイプの人た

ちです。偉い人たちは結婚しているし会社にはチャンスない。

恋愛とか結婚の前に、日本人の男友だち欲しい、私、それだけよ」

おい、日本男子、センスよくキャロルを誘う人はいないのか？

娘にその話をしたら、

「ママ、外国に行ったらよくわかるじゃない！　私たち女ふたりで大きなトランク、飛行場の荷物回っている所から引き出そうとしていると、必ず男が何人か駆け寄ってきて一緒に引き上げてくれたり、カート持ってきてくれたりするでしょう。

別に下心なくても、女性には親切だし、でもそんな中に出会いがあったりするから、彼らは自然に女性に近づく術っていうか、なんていうのかな、習性？　いや、本能？

子どものころからそういう光景いっぱい見ているから、自然にできる。

その延長線で、タイプの女性を見かけたら街でだってスマートに声をかけられる。

でも、日本の空港に帰ってきたらわかるでしょう。誰ひとり、日本の男は手伝ってくれないじゃない。

子どものころから女性に対する接し方を習ってないの。

だから、キャロルに言っておいて。

この男性と友だちになりたいと思ったら、流暢な日本語で、あなたから声をかけるしかないよ日本では、って」

第3章　センスよく生きる人

愛しき同居人

モモを迎えに

私の同居人、モモ3歳（カバー写真）。孫ではない。犬だ。でもペットではない。同居人、いや正確には同居犬だ。

モモは、四国で保護された野犬の子どもだ。地方都市の野犬狩りは、猟銃会も出ることがあるから、たぶん親は撃ち殺されたのかもしれない。なぜなら異常に音に敏感、犬は本来そういうものかもしれないが、とくに破裂音への反応は尋常《じんじょう》じゃない。

生後2ヵ月くらいでわが家にやってきた。正確な生年月日は不明。岡山まで新幹線で迎えにいった。モモたちを保護してくださったボランティアの方から、モモを受け取ったとき、モモは3・5キロ、小さなカゴに入れられていた。

ネットの里親募集サイトの画面で見た小さなモモから、少し大きくなっていた。

「モモ、今日からうちの子だよ」

声をかけても無反応。猫ではないから、じゃれたりしないのだろうが、なんだかふてぶてしく見えた。

新幹線の中でも、餌《えさ》を食べることもなく、水も飲まず、呼びかけてもそっぽを向いて寝ていた。

もちろん、モモという名が自分の名前だと、まだ気がついていない時期とはいえ、甘える、なつく、信頼するというそぶりは一切なかった。それは、モモにとっては当然のことだ。


人間の勝手で犬を飼い、嫌になったり、子どもが産まれたら山に捨てたり殺処分に出したり、そんな環境の中、山で生き抜いた野犬の子どもがモモだ。そして生後数週間で親は殺されて、引き離され、人間に助けられたとはいえ、そう簡単に人を信じられるはずがない。

友人からも、「保護犬や虐待《ぎゃくたい》された犬を飼うのは、たいへんみたいよ。なかなかなつかないって聞いたわ」と言われた。

だから、引き取る前に多少の勉強もした。保護犬はたしかに、心開くまで時間がかかるらしい。

まずは体が収まる、あまり広くない寝床を用意し、暗がりに置く。お水とご飯の容器、おしっこシートをそのそばに置いて、そーっと1週間ぐらい見守る。

シートにおしっこや便をしたら、やさしく褒《ほ》めてから替える。ご飯やお水は、朝そっと置いてやる。空間に慣れるまで、ベタベタかわいがらないほうがいいらしい。

私のベッドルームに、ゲージやキャリーコンテナ（いずれ一緒に旅行にも行きたかったから）、子犬用ペットフード、おやつ、おもちゃ、おしっこシートを用意して迎えにいった。

でも、じつはちょっと期待をしていた。

（ママになってくれて、ありがとう）的、何かしらの反応があるのではないかと。

たった1匹とはいえ、命を救ったという私のおごりを見透かしたかのように、モモは目を合わすこともなく、そっぽを向いて寝つづけていた。

家について、新しい寝床にモモを入れて、ご飯、お水をそばに置き、シートを敷いて、部屋を暗くして、そっと部屋を出て私はリビングに寝ることにした。

なにしろ、そっとしておこう。ここに来たら安心して眠れる、ご飯は毎日食べられる。モモがそう思うようになるまでそっとしておこう。

朝、ご飯を与えに部屋に入ると、モモは暗がりに逃げこんで、じっと睨《にら》んでいた。

でも、トイレは、すぐに覚えた。

大いびきで添い寝

１週間以上過ぎたころ、私はベッドルームのドアを開けっぱなしにしてみた。モモが、ドアの隙間から、私の行動をじっと観察しているのは気がついていたが、あえて知らん顔して数日が過ぎた。

ある日「モモ、こっちにおいで、リビングのほうが広いよ。こっちにおいで」

モモはおずおずとリビングに入ってきて、はじめて私の足元に座った。

抱き上げると、抵抗することなく、私に身を任せた。

それからの変化は、すごかった。私は毎日、抱っこひもにモモを入れて、できる限りそばにいた。

「私のそばにいれば大丈夫。私があなたの新しいママなのよ」

4・5キロになったモモを毎日抱っこひもで抱えているのはたいへんだったが、30年前に年子で産んだ息子と娘を、おんぶと抱っこで移動していたときを思い出して、懐《なつ》かしくもあり、あのころは体力があったなと感心しつつ、体力の衰《おとろ》えも痛感した。

これが、まさに老化というやつか？


モモは、一度も吠《ほ》えたことがなかった。精神的ショックのせいか、あるいは生まれつきなのか、吠えられない子と諦《あきら》めていた。

リビングに慣れたころ、モモははじめて、鏡で自分の姿を見て、吠えた。ウォン、ウォンと大きな声で吠えた。

「モモ、吠えられるんだ」

嬉《うれ》しかった。息子がはじめて歩いたときのように、感動した。

3度目のワクチン接種を終えて、さあ次は、お散歩だ。

掃除機の音を嫌い、ルンバに逃げまどい、ドアチャイムが鳴れば、ベッドの下に身を隠し、何度も会っている私の友人たちにも心開かないモモが、お散歩に行けるのか？

はじめてのお散歩は、匍匐《ほふく》前進でしか歩けず、20メートルも進むとビビり、おしっこをして散々だった。


公園デビューもしたが、高齢者たち（私も人のこと言えないか）が飼っている小型犬たちに囲まれて、キャンキャン、ワンワン、吠えまくられ、逃げまどい、私は私で、

「この犬、何犬？　どこで買ったの。いくつ？　獣医さんはどこに行ってるの？」

質問攻めに遭《あ》い、挙《あ》げ句《く》に、

「○○獣医はやめときなさい。殺されちゃうわよ」

「保護犬なんて、なつかないんでしょう。ほら、みてよ！　あんなおどおどしてるじゃない。かわいくないわよ」

「おやつ、ちゃんとあげてるの？　痩《や》せてるわね。あなたを信用してないんじゃない」

うちのかわいいモモに、なんてこと言うんだ！

それ以来、モモも私も、公園が苦手《にがて》になった。

モモはいま、８キロ、３歳。

片時も私のそばを離れない、大いびきで添い寝をしてくれる愛《いと》しい同居人になった。

おばあちゃんの教え

2度の戦争を経験した祖母

私は、明治生まれの祖母に育てられた。

祖母は、仙台の呉服屋の家に生まれた8人兄妹の４番目の子どもで、幼いころに兄と妹を病《やまい》で亡くしたそうだ。

明治28年（１８９５年）の生まれで、小さいころに日露戦争を経験したという話を、私によくしてくれた。

「本土決戦もなく、日本は勝ったって、みんな喜んで、提灯《ちょうちん》行列とか派手にやってたけど、どれだけの人が死んで、どれだけの未亡人ができてしまったか。

乳飲み子抱えて苦労した人をたくさん見たからね。戦争はよくないよ。若い人間をたくさん殺してしまう。

でもね、あのころは婦人参政権もなく、女が戦争反対なんて言える時代じゃなかった」

そして、彼女は40代で2度目の戦争を経験した。

「2度も戦争を経験するなんて、やだね〜。結局あのときも、反対とか、声をあげられなかった。

そしてね、私がいちばんかわいがっていた弟は、とっても優秀な子でね。できたばっかりの東北帝大に入って、自慢の弟だったんだよ。繊細で優秀な子だった。

体が弱くって、戦争とかに駆り出されなくてよかったけど、戦争に突き進んでいった日本を悲観したのかねぇ。自殺しちゃったんだよ。

いまでも、本当の理由はわからない、なんで死んだんだか。戦争がなかったら、生きていたんだろうか？

戦争は嫌だ。たくさんの人間の生活や生き方を壊してしまうから」

その祖母の人生も、波瀾万丈《はらんばんじょう》だった。

17歳で親の決めた相手と結婚した。

「父親は、女に学問はいらないって言ってね。小さいころは、日本舞踊や三味線とか、習い事はさせてもらえたんだよ。

あのころはまだ、呉服屋もうまくいってたんだろうね。でも、だんだん傾いてきたのは、なんとなくわかったね。

尋常小学校に行って、高等小学校までは行かせてもらえたんだけど、私は勉強がもっとしたかったのに、『女は家事手伝いをして、お嫁にいけ』って父親に言われて、会ったこともない人のところに泣く泣くお嫁にいったのよ。

津田塾《つだじゅく》に通うのが、あのころの夢だった」


祖母は、本を読むことが好きだった。

「お嫁にいった先は、意地悪な小姑《こじゅうと》やきついお姑さんがいてね。

『本読んでる暇があるくらいなら、ちゃんと掃除くらいしたらどうなんだい。呉服屋の娘は、赤い腰巻《こしまき》チラチラさせて雑巾《ぞうきん》がけもろくにできない』なんて言われて、３年で、こっちから三下《みくだ》り半《はん》突きつけて、家を出たの」


その後、祖母は東京に向かった。

「出戻り娘が帰れる実家なんてないからね。本当は学校に通いたかったけれど、お金もないし、子どものころに身につけた日本舞踊と三味線で身を立てようって思って、新橋の芸者置き屋の門を叩《たた》いたの。芸は身を助けるって、よく言ったものね。おかげさまでいっぱしの芸者になれたもの。

いまはおばあちゃんだけど、若いころは仙台小町って言われたくらいきれいだったんだよ、私」

祖母の芸者時代の写真は、当時の絵はがきにもなっていて、本当にきれいだった。残念ながら、いま、その絵はがきは行方不明だが、きっと家のどっかから出てくることを期待したい。

進歩的な祖母が伝えたかったこと

祖母の2度目の結婚生活も波瀾万丈だ。

「おじいちゃんとはね、金田中《かねたなか》(大正時代創業の新橋の花街にあった茶屋。現在は老舗料亭として営業)で会ったのよ。三木武吉《みきぶきち》さん(政治家)付きの新聞記者だったの。

30歳で（私の母を）身ごもったから、芸者をやめておじいちゃんと一緒に暮らしはじめたんだけど、福井県に本妻さんがいてね。

本妻さんが亡くなられた後、あちらのお子を引き取って、後添《のちぞ》いに入ったの。あんたのお母さんの名づけ親に、三木武吉さんがなってくださってね。

あのころは、政治家や仕事ができる男には、お妾《めかけ》さんがいるのは当たり前、それが男の甲斐性《かいしょう》みたいな時代だったからね。

でも、あのころがいちばん幸せだったかなぁ。千葉に小さな別荘もあって、毎年夏には、そこで暮らして楽しかったわねぇ。

でも、その別荘も、戦争が始まると、本土決戦のときは千葉から米軍が上陸するっていう噂《うわさ》が立って、女、子どもは何されるかわからないから、売ったほうがいいってことになってね、二束三文《にそくさんもん》で売っちゃったのよ。もったいないことしたわねぇ」

祖母の幸せの時代も、戦争によって長くは続かなかった。

「おじいちゃんは、戦争に負けたら、もう自分の人生も負けたみたいに思ったんだろうね。戦争中は、書きたくない記事も書いたからね。

負ける戦争とわかっていても、もう戦争を止めようと思っても、そんなこと書いたら、憲兵さんに引っぱられるもの。福井空襲で、実家が半分燃えて、その後処理《あとしょり》に行ったきり、おじいちゃんは東京には帰ってこなくなった。

でもね、戦争に負けてよかったこともあるんだよ。アメリカさんが来て、憲法を変えたことで、女にも参政権がもらえたし、昔に比べたら、女が働くことだって、どう生きたいかだって、選べる時代になったんだから。

アメリカさんが来たから、あんたも生まれたんだから」

明治生まれの祖母は気丈《きじょう》な人で、進歩的な人でもあった。平塚《ひらつか》らいてう（戦前戦後の女性解放運動家）、与謝野晶子《よさのあきこ》、市川房枝《いちかわふさえ》さんを尊敬していた。

「女もね、これからは学問で身を立てるか、手に職を持って、生涯働いていく時代だよ。男に頼ったって、またいつ戦争が起きて、死んじまうかもしれない。泣いて我慢するより、自分の人生は自分の手で開くんだよ。

でも、男社会を日本はなかなか変えられないだろう。意外と男は小心者、自分に自信のない男ほど、女の前で威張《いば》りたがる。そんな男には腹立てず、手の上で転がしておやり。

女はね、利口ぶっちゃだめだよ。バカなのに利口ぶる女ほど、みっともない女はいないからね。本当の利口は、バカなふりができる人さ。

知性と想像力を持って、自分の生きる場所をつくりなさい。女だからだめだなんてことは、何一つない。男はなかなか変われないから、女が変わっていくのよ。

でもね、一つだけ注意しなければいけないことは、女の足を引っぱるのは女だっていうこと」

明治・大正・昭和と生き、2度の戦争を経験したおばあちゃんの教え、肝《きも》に銘《めい》じて、これからも、生きていきます。

想像力の源泉

超訳にがっかり

昭和育ちの私は、小学校時代、本を読めと家族や教師から常に言われていた。

私は、幼稚園時代から電車とバスを利用して約1時間かかる学校（幼稚園）に通っていた。ラッシュには遭わない方向だったので、常に座席に座れ、読書には最適な環境だった。

わが家は裕福な家庭ではなかったので、読みたい本は再従兄弟《はとこ》の家から借りていた。教員をしていた再従兄弟の父親は、書斎を持っていて、本棚には本がたくさんあって、そこには少年少女世界文学全集も並んでいた。

全何巻だったかは覚えていないが、すべて読んだ記憶がある。

子どもながらにとても感銘を受けたのは、ヴィクトル・ユゴー作『ああ無情』。昨今《さっこん》は『レ・ミゼラブル』のほうがわかりやすいと思うが。

子どもながらに、貧乏と理不尽《りふじん》はなんとかしなければいけないと思った作品だった。

大人になってから、シドニィ・シェルダン作品が好きになった時期がある。超訳になる前の文庫本で出会って、はまった。

彼は脚本家でもあったので、短い言葉の表現の中に場面や風景のゴージャス感、主人公の感情の起伏が表現されていて、その前後の文章で、私なりに情景や感情を想像するのが楽しかった。

突然、いまで言う超訳のシドニィ・シェルダンの作品が流行《はやり》になった。

「えーー、あの私の好きな作家の？」

文庫本から立派な大きな本になり、表紙も華《はな》やかになって新刊だと思って買った私は、途中まで読んでびっくりした。

もう、とっくに文庫本で読んでる作品を、タイトルを変え表紙を派手にして売り出したものだった。

それ以上に驚いたのは、超訳をした翻訳家の感性なのか、こまごまとした情景の説明や（翻訳家、あなたの感情や感性は入れないで。淡々と翻訳だけして）って言いたくなる超訳がされすぎていて、私の想像力はいらないんだと思って、正直がっかりした。

まっ、だから超訳とタイトルの下に大きく入れているのだろうが。

超訳ゆえか、このような必要以上の説明は文学にはしてほしくない。間違っていたとしても、本来の文脈から、その当時の自分が何を想像し、何を感じたかが大切で、同じ作品を後年読んで、また違う受け取り方や、違う想像をすることが、人生を過ごしてきた醍醐味《だいごみ》のように思う。

明日のことはわからないという想像力

想像力、これを養えと私を育てた祖母はよく言っていた。

これは、夢想ではない。

空想でもない。

想像力とは、カント哲学で、感性と悟性という2つの異質な能力を媒介《ばいかい》する能力。

構想力。これ、Yahoo! 辞書（2019年5月で終了）から引っぱりました。

私なりの理解では、彼（カントさん）が言っているのは、頭で考えていること（想像）と行動（言動も含む）をどう表現するか、どう合体させるか、ということだと思っている。

だからこそ、想像力って必要だよね。


日々の生活をしている中では、想像力は基本で、

（こんなことを言ったら、相手はどう思うか？）

（こんな行動をしたら、まわりはどう感じるか？）

もちろん、相手あってだけの人生ではないけれど、ひとりでも本当は生きていけるさーと言いつつ、やっぱり、誰か、時を共有してくれる人がいたほうがいい。

想像力は、自分が生きるための原動力であるとともに、会話や時を共有する相手や、まわりへの配慮を持った感性だと思う。


「想像力は持ったほうがいいよ。磨《みが》いたほうがいいよ」と、よく行く近所のたこ焼き屋さんの常連さんの青年に言ったら、

「いやいや、想像したら、もう、すれ違う女を誰かれ構わず、押し倒したくなります
よ」と言いだし、たこ焼き屋さんのマスターに、
「おまえ、なに想像してんの？　いま話してるのは、想像力の話だよ。リサさん、こ
いつに話しても無理だな。想像力の前に想像することが、下半身しかないんだから」
と言って笑ったが、下半身のことであれ、なんであれ、想像力があるから、女を押し
倒さない、犯罪はしないという判断ができるのであれば、ある意味、立派な想像力だ
と、青年には伝えた。

想像力を磨くのには何がいちばんいいかは、人それぞれあるだろうが、私には本
――読書がいちばん役立った。
ときにはヒロインを自分に置き換え、悲劇やロマンスを実体験のごとく受け入れて、
実際には味わえない人生を味わった。
想像力を持って本を読むと、訪れたことがない日本や海外の町や村も、何年も住ん
だことがある町や村に、私の中では変わっていき、時空も超えて、日本の戦国時代や
ヨーロッパの中世にも自分が生きたような感覚が持てた。

昨今、本の売れない時代、本を読まない世代が増えたと言われるが、紙に印刷されたものだけが本とくくらず、インターネットでもいろいろ読める時代にもなったのだから、想像力を養うのにネットだって結構、役立っていると思う。

最近、ニュースやワイドショーでもよく取り上げられているが、

「なぜ、あんな発言を、相手の気持ちを考えず断言できるのでしょうか？」とか、

「似たような事件や事故がしょっちゅう起きていて、そのたびに、マスコミ対応の不備を指摘されているのに、また同じような不備が起きる。学習能力がないんでしょうか？」とか。

学習能力もないんだろうが、想像力も欠如しているのだと思う。

それが、若者より、ある程度人生を送り、それなりの地位や権力を持った人のほうが多い傾向にあるのは残念なことだ。

自分の地位が安定すると、そこに居つづけることにのみ執着し、まわりへの配慮がなくなるのは悲しい。

本当は安定した人生なんて、万に一つくらいしかなく、今日はなにごともなく暮ら

せているが、明日は天変地異が起きるかもしれない。

明日のことはわからないという想像力があれば、人は傲慢《ごうまん》にはなれないと思うのだが。

いまやロマンスのかけらもない人生を歩んでいる私としては、大恋愛の本でも読んで、大いに想像力を酷使《こくし》して、愛に溢《あふ》れた女に変身してみるか。

久々のラブレター

みごとな女優魂

佐々木すみ江さんという素晴らしい女優さんがいらっしゃる。

１９８０年だったと思うけれど、パルコ劇場でアガサ・クリスティ原作の『情婦―検察側の証人』が舞台化された。

高名な映画監督の市川崑《いちかわこん》さんが舞台演出をし、岸恵子《きしけいこ》さん主演で当時話題になって、私も観《み》にいった。

私は青春時代、アガサ・クリスティの大ファンで、たぶん全作品を読んだと思う。その中でも『情婦―検察側の証人』は、私の中でのベストスリーの一つで、それが舞台化されるのだから、胸弾《はず》ませてパルコ劇場に向かった。

岸恵子さんも素晴らしかったが、もうもう、佐々木すみ江さんの演技に圧倒された。

本当に圧巻の演技だった。証言台に立つ家政婦の役で、身のこなし、声のトーン、控えめな雰囲気を醸《かも》し出しながら、意志の強さや微妙な心の動きを見事に演じておられ、立ち上がれないほど感動した。

いまでもその場面は目に浮かび、着ていた衣装や帽子まで覚えている。

その後、ドラマでご一緒することがあり、憧《あこが》れの女優さんと同じ現場にいられることだけで、私は幸せだった。

私の大好きな尊敬する先輩女優さんは、あと三人。八千草薫《やちぐさかおる》さん、草笛光子《くさぶえみつこ》さん、そして野際陽子《のぎわようこ》さん。

野際陽子さんは知性的な雰囲気をお持ちでいらっしゃりながら、シリアスからコメディまで幅広く演じられる方で、残念ながら私は共演したことはないが、多くの共演者に慕《した》われ、お人柄のよさが醸し出されている対談や記事を見て、いつかお仕事をご一緒したかったけれど、残念ながらお亡くなりになってしまった。

でも、その旅立ちも見事だった。ギリギリまで現場に立ち、多くの共演者に病気であることを知られることなく、プロに徹し、弱音《よわね》を吐かず、老いて哀れという姿も見せず、清々《すがすが》しく旅立たれた。

終わりよければすべてよし、と言わんばかりの見事な旅立ちだった。

八千草薫さんは、何をなさっても、どんな役をなさっても、品がある。

私は日頃から思うのだけれど、品だけは何かを学んで身につくものではないように思う。どんな高学歴でも、どんな金持ちの子どもでも、立派な家系の子孫でも、残念ながら（品、ないなーー）って感じる人はいる。

昨今は、財閥や政治家、官僚などが、品のないことをやってくれるから、品を身につけるということは、どうすればいいか、もう一度考え直す時期がやってきたのかもしれない。

残念ながら八千草さんともお仕事をご一緒したことがなく、いつか遠くからでもいいから、あの品のある方と同じ空気を吸ってみたいと願っている。

草笛光子さんは、日本ミュージカル界のパイオニア。80代になっても、舞台で踊る役をなさること自体、素晴らしい。その裏にある努力は、計り知れない。

しかし、それを自ら何一つおっしゃることなく、プロですからという、毅然《きぜん》とした立ち姿が美しい。

いくつものミュージカルを私は観客として拝見し、実際には身長は158センチしかおありにならないのだそうだが、舞台であんなに大きく見える女優さんは、他にはいないと思った。もちろん、身長が高い女優さんはたくさんいらっしゃるが、身長の問題ではなく、存在感。

背の高さを超える存在感。歌い踊る姿に、他の共演者がかすんでしまうほどの存在感は圧巻だ。

そして、いまなおテレビ、舞台、映画で活躍され、髪を染める女優さんが多い中、プラチナシルバーが品よく似合う女優さんのナンバーワンだ。

「空気の抜ける語尾」はNG

唯一、お仕事をご一緒にさせていただいた佐々木すみ江さんを先日、テレビのバラエティ番組で拝見した。そして、ソファから転がり落ちそうになった。

なんと、なんと、オン年89歳。

凛《りん》とした佇《たたず》まい、滑舌《かつぜつ》のよさは昔からだが、人間年とりゃ多少はふがふが喋《しゃべ》っても不思議ではないが、まったく見事にそれがない。現役プロそのもの。

年ってなんなんだと考えさせられた。

共演した若い男優さんが、佐々木さんからアドバイスを受けたエピソードを披露した。

「いまの若い俳優さんは、セリフの語尾から空気が抜ける言い方をするけれど、語尾ははっきり最後まで言い切る。そういう芝居ができる役者になりなさいね」と言われたと。

もうもう、そうですよね。あのセリフじりの、

「○○いきましたぁ〜〜」

「○○ですかぁ〜〜」

「○○いきますぅ〜〜」

「うまく行きましたねぇ〜〜」

文字では上手く表現できないが、若い俳優さんの出るドラマを観て、ここのところ

といっても、もう10年くらい、なんなんだかな、って気になっていた。

なんで空気の抜ける語尾にみんな、なっちゃうんだ？　そういう役づくり？　流行《はや》り？　たしかに、テレビドラマではセリフの言いまわしが流行りになることもある。キムタクさんのセリフまわしは話題にもなったが、あれはキムタクさんがするから、彼の個性であり、彼がやるから魅力的なんであって、誰もがやったってキムタクさんは1人だけだ。

空気の抜ける語尾。

佐々木さんが指摘してくださって、私はホッとした。

時代とともに芝居の表現は、多少変化していくこともあるだろうが、基本はやっぱり基本だよね。

セリフはきちっと相手につなげる。だらしない語尾は、気になるよね。ああ、もちろん監督や演出家から語尾をだらしなく話す役づくりにしてと言われたら、そうしなければ、だけれど。

ここのところ、役づくりというよりは、流行りのように多くの若い俳優さんたちがそうするので、たまにイラッとしていた。

佐々木さん、またいつか、お仕事ご一緒したいです。
そして、もっともっと芝居の奥深さを身近で感じさせていただきたいです。

尊敬する佐々木すみ江様。
これは、ラブレターだな。

※佐々木すみ江さんは２０１９年2月17日、肺炎のため逝去。享年90歳。

舞台は生きている

消えていく魅力

久しぶりに芝居を観にいった。

私自身、演じるという表現の中では、舞台がいちばん好きだ。

舞台には消えていく魅力がある。同じセリフ、同じシチュエーションを毎日くり返していても、相手役の間合いがちょっと違うだけで、昨日とは違う表現になることもある。

稽古《けいこ》を長いこととして、初日を迎えるのだが、本番に入ってから、お客様の反応で気づかされることもあったり、舞台は毎日成長していくものだ。

じゃ、初日より千秋楽《せんしゅうらく》のほうがいいのかと聞かれれば、そうとは限らないと言える。

初日には、初日ならではの勢いや情熱が半端なくみなぎるから、これはこれで、初日のよさだ。

観劇が好きな、通《つう》と言われる方は、

「初日と千秋楽は、必ず観るのよ。役者さんたちの成長も感じられるし、初日は、こっちも期待と興奮でドキドキしながら観てるから、あらすじを追う中で、聞き逃してしまうセリフもあったりして。

で、改めて千秋楽を見ると、あ〜ぁ、こんないいセリフもあったんだとか、初日はセリフを言ってる人ばかりに目が行っちゃうけれど、千秋楽はあらすじもわかっているから、セリフを聞いてるまわりの役者さんたちの反応を見られる余裕もあって、この役者さん、すごくうまいリアクションしてるとか、違う感動があるのよね」とおっしゃる。

また、違う通の方は、

「舞台って、観客と役者の共同作業で出来上がるものだと思う。もちろん観客は、観ているだけなんだけど、客ひとりひとり、それぞれの、大げさに言えば、人生背負って観にきてるわけで、失恋した日に観れば、どんなコメディも悲しく感じるし、反対に、ハッピーなカップルが悲劇を観ても、こんなことは、自分たちにはあり得ないって思う。

だけど、その後、自分にも悲劇的なことが起きたとき、はじめてあの芝居の意味がわかったり、映画だったら、いまや多くはDVDで見ることができるから見直せるけれど、舞台は、あの日、あの時、あの劇場で、あの役者での再現は二度とできない。

心に残っている記憶をつなぎ合わせて、いまなら理解できる、あのセリフや役者の表情を思い出す。

幕が下りたら、同じ気持ち、同じ状況では二度と観ることができないお芝居が好きだな」

そう、舞台は、その日観にきてくださったお客様ひとりひとりの心の中に残って、消えていく。

圧巻の芝居

2017年、友人のミッキーが出演している『MOTHERマザー～特攻の母 鳥濱トメ物語～』を観にいった。

正直、友人が出ているからおつきあいで観にいくっていう感覚で、女友だちとあまり期待もせず観にいった。

女友だちも、

「20年ぶりかしら、お芝居観るのって。はじめてお芝居を観にいって、あまりのつまらなさに二度とお芝居は観ないって、決めてたの。リサが行かないって言ったら来なかったわ。ミッキーが出ているから、今日はおつきあい。つまんなかったら、悪いけど二度と私をお芝居には誘わないでよ。あんまり期待してないし」

お芝居という分野に関わっている私としては、痛いお言葉。

役者は与えられた役を演じる。

その舞台の構成や演出に、いささか疑問を感じたとしても、プロだから、やれと言われれば演じ切らなければならない。降りるなんていう勇気は私にはない。

たしかに、役者や演出家の自己満足にしか思えない芝居もあったり、よっぽどの通でない限り、理解しがたい舞台もある。

難解で不思議なお芝居が好きな人にはいいだろうが、観劇初心者が、最初にそのような舞台を観てしまったら、女友だちのように、二度とお芝居は観ないという気持ちになるのも、いたしかたない。

3時間近く芝居は続き、幕が下りた。

私も女友だちも、恥《は》ずかしくなるくらい泣いていた。

私の隣に座っていた20代前半の青年も、人目もはばからず号泣《ごうきゅう》していた。

女友だちが、

「観にきてよかった。ちょっと気になる部分もあることはあるんだけれど、やっぱり史実にのっとった本当の話ってすごいわね」と言った。

私も正直、あそこはもうちょっとこうしてほしいとか、えー、その芝居、違わない？　とか、評論家でもないのに、生意気な考えが頭をよぎった部分はあったが、初舞台の役者も多いと聞いて、いまの若い役者さんたちが、73年前の、敗戦直前の特攻兵を見事に演じていたと感動した。

2018年も、この芝居にミッキーが出ると聞いて、なるべくたくさんの人に観てほしいと思った。

戦争の残酷さや、これが当時の歴史上の事実であることを知ってもらいたいという思いもあるが、芝居を観るっていうことが、ハードルの高いことと思っている人にも観てほしい。

女友だちのように、一度つまらない芝居を観てしまったばかりに、芝居嫌いになった人にも観てほしいと思った。

近所のバー兼たこ焼き屋さん（私もミッキーも常連さん）のマスターや、いつも見かける常連さんたちに、ぜひ、一緒に行こうと誘った。

うちのシェアハウスの住人、ザック23歳とその同級生のアイザックも誘った。日本語がかなり理解できる２人のアメリカ人青年にも、日本の特攻隊の真実を知ってほしかったし、ミッキーは彼らの友人でもあり、彼の役は敗戦後の駐留軍として日本に来た実在の人物でもあり、戦争によって両者の立場や環境がどう変わっていったのかも知ってほしかった。

前回一緒に行った女友だちも、もう一度観たいと言って参加した。

総勢10人、国籍・年齢・職業・男女関係なく、みんな泣きに泣いた。

次回もまた観たいと、みんなが言った。そして、友人を誘いたい、娘に観せたい、今度は母も連れてきたい。誰も、芝居はもう観たくないと言う人がいなくて安心した。

この『ＭＯＴＨＥＲマザー～特攻の母 鳥濱トメ物語～』という作品は、２０１８年に10年目を迎えた。今後も続けてくれるだろう。次回は、観劇初心者たち20人は連れて行きたい。

第4章　大人舌のたのしみ

苦手を攻略、舌の成長

三口はなんでも食べる

子どものころ苦手《にがて》だった食べ物が、いまは大好きになった。もちろん、子どものころも嫌いだとは言えず、しぶしぶ食べていた。

「人様がつくったものを、好きだとか嫌いだとか言ってはいけない。出されたものは、三口は食べなさい。

一口で箸《はし》を止めたら、相手はまずかったのだと思う。三口食べて『お腹いっぱいになってしまった』と言えば、相手も納得するから」

祖母の教えだ。

だから、三口はなんでも食べざるをえなかった。

子どものころの苦手な食べ物といえば、ふきの煮物やご飯のお供《とも》のきゃらぶき、ウドの酢味噌和《あ》えなど、なんで食べなきゃいけないのか、意味わかんないって思いながら食べていた。

そうめんなどに入れられるみょうがや山椒《さんしょう》の実の佃煮《つくだに》、山椒の葉もできればのけたかった。

煮物に入っていた椎茸《しいたけ》も、ベロベロしてて食感が嫌だった。干し椎茸の匂いも好きではなかった。

牡蠣《かき》は祖母の好物でよく酢牡蠣が出たが、あの見た目が苦手だった。

仙台小町と言われ、新橋芸者をしていたころには絵はがきにもなった祖母は、50代で洗髪の際、頭にあった傷口から細菌が入って、右目を摘出する手術を受けたのだそうだ。

いまだったら投薬治療で、右目を失わなくてもよかったのかもしれないが、私も子どもだったので、（頭洗うだけでそんなことが起きるのだ。お風呂入るときも気をつけなくちゃ、石鹸《せっけん》いっぱいつけなくちゃ）ぐらいに受けとめていた。

若いころに美人と言われていた祖母にとって、右目を失ったことはショックだったろうし、当時の医療技術では再生手術もなかったのか、右目が陥没しているように見えて、祖母は写真を撮るのをとても嫌った。

義眼だった祖母の右目は、夜寝るときに外して枕元の水が入った小鉢に入れて眠る。そう、義眼が水に浸かっている状態を想像してみてください。まるで酢牡蠣みたいなんです。故に、酢牡蠣は私が子どものころは苦手だった。

料理は見た目も大切だ。だけど、さすがに祖母の好物の酢牡蠣が出たとき、

「おばあちゃんの夜中に置いてある目みたいで、怖くて食べられない」

とは、いくら子どもでも言うことはできず、なぜか目をつぶって三口は食べていた。

いま、ふきの煮物やきゃらぶきは大好きに。きゃらぶきさえあれば、白いご飯2杯はいける。

八百屋さんにふきが並べば、必ず煮る。

ウドの酢味噌和えも真っ白なウドと黄色い酢味噌の色合いの美しさ、あのコリッとした食感も（和食っていいなぁ）と思える一品だ。

毎年6月になると、京都から山椒の実を取り寄せる。一部はちりめんじゃこと炊い

て京都風山椒の佃煮にする。あとは小分けにして冷凍しておけば、一年中山椒には困らない。

京都のちょっと大粒な山椒の実でつくる四川風《しせんふう》麻婆豆腐は、なかなかの美味である。

みょうがは子どものころ、狭い裏庭にたくさん生えていて、おばあちゃんに、「みょうが取ってきて、３個」と言われれば、私が取りに行くのが役目だった。

当時は、みょうがをポキッと折ると、あの独特の香りが漂ってほろ苦《にが》い味を思い出し、（私のだけみょうが入れないでほしいな）と思ったものだが、いまは大好きな薬味になっている。

食用として栽培しているのは日本だけらしく（グーグル先生調べ）、日本でしか食べられない希少な野菜だ。

みょうがを食べすぎるとバカになるという俗信もあるが、昨今《さっこん》は更年期障害や認知症予防にも効果があるらしいと言われ、できるだけ食べたい野菜になった。

最後に何を食べたいか

近所に昔ながらの八百屋さんがある。

りんご箱を引っくり返した台や発泡スチロールの台の上に、旬《しゅん》の野菜が所狭しと季節ごとに並び、○○産のおいしい大玉キャベツ○○円、○○産のおいしい小玉キャベツ○○円など、手書きの値札が貼ってあり、必ずおいしいと書かれていて、微笑《ほほえ》ましい。

きゅうりは1本から買えるし、野菜が高騰《こうとう》した時期でも、

「知ってる農家から無理言って送ってもらったから、スーパーより断然安いよ～」

と威勢よく若旦那《わかだんな》が客にすすめたり、常連さんに珍しい野菜の調理の仕方を教えたり、会話ができてお財布にやさしい八百屋さんはいまや希少価値だ。

その八百屋さんにみょうががたくさん出ると、毎年みょうがの甘酢漬けをつくる。くり返すが、認知症予防にもなるらしいのだから、食べなきゃ損だ。

子どものころは苦手だった煮物の椎茸の食感も、いまはあの食感だから椎茸なんだと思うし、とくに干し椎茸を使って味の滲《し》みこんでいる煮物は大好きになった。

干し椎茸をもどした出汁《だし》は香りも味も絶品とさえ思える。

牡蠣は、いまや私の大好物だ。

鳥取にロケに行き、とれたての岩牡蠣を食べたのはいつごろだっただろうか。夏に食べるおいしい牡蠣でもあり、サイズも大きく食べごたえもあり、なにしろめちゃくちゃおいしかった。

それから牡蠣が大好物の仲間入りをし、夏牡蠣や冬の牡蠣鍋が食卓にあがる回数が増えていった。

祖母の、夜中に枕元に置いてあった水に浸かってる義眼を思い出すときもないわけではないが、いまや一つの思い出だ。

見た目よりおいしさを選べる私の舌も大人になったのだ。姿かたちは老化とともに衰《おとろ》えていくことは仕方ないと覚悟しているが、舌と脳みそは死ぬまで成長させていきたいものだ。

いろいろな国や日本全国をまわるロケで、私はいままでどんな珍味やゲテモノと呼ばれるものでも食べられなかったものは一つもない。

満漢全席《まんかんぜんせき》という中国の皇帝料理のコースでクマの手や象の鼻もおいしくいただいた。猿の脳みそもシンガポールでいただいた。

いまでは動物愛護やワシントン条約で食べられないものも多いが、それ以前の時代だったからできたことで、命をいただくのだから、ありがたく食した。

それらのおかげで、舌も成長したのだと思う。


祖母は死ぬ前に仙台のホヤが食べたいと言っていた。

私は何を食べたいと言うのだろう？

以前はお寿司と思っていたが、昨今ちょっと違ってきている。

夏なら冷汁《ひやじる》もいいな！　でも、冬だったら何？

まだ決められないでいる。

本能のままに

油揚げか牡蠣かの衝動

毎年、秋になると、なぜか油揚げか牡蠣を無性に食べたくなる。

年によって、どちらかに偏《かたよ》るのだが、油揚げの薄味煮浸しを何枚も食べる自分は、きつねに取り憑《つ》かれたのかとゾッとする。

何日かそういう日が続き、ある日もののけがとれたかのように（もういらない）となる。あれは、何なのだろう？

牡蠣が巷《ちまた》に出まわる時季、何がなんでも毎日、牡蠣を食べたいという衝動に見舞われ、頭の中が牡蠣でいっぱいになる。

毎日、牡蠣をほうれん草とミルクで煮て食す。何日かそれが続くと、体が安心したのか、（もういいわ）となる。

それらの症状?があらわれるのは、必ず11月ごろだ。そろそろ冬の始まりを感じる時期だ。人間も動物だから、体が本能的に冬眠の用意をするために、食いだめをしたいと働くのか？

でも、なぜ油揚げか牡蠣なのか？

日々めちゃくちゃ食べたい大好物というわけでもないものを、毎年取り憑かれたように食べたくなることが、自分でも意味がわからない。

前世が熊だったら、サケか蜂蜜《はちみつ》を食いだめして、冬眠に入るのだろうが、サケには見向きもしないのだから、どうも前世は熊ではないらしい。

私は、食べ物の好き嫌いがまったくないことが自慢の一つだが、その時期だけ偏食家になってしまう。

よく「健康維持や体重維持に、何かやっていることありますか？」と聞かれるが、まったく何もしていない。

運動はあまり好きではないし、というより、運動にはあまり縁《えん》がなかった。

４歳から３年間バレエを習っていたが、７歳で肺の病気にかかり、毎週注射を受けて、４年間体育の時間も日陰で見物を強《し》いられていた。

臨海学校や遠足に行けば、帰りは必ず熱を出すような虚弱児だった。だから、はじめて体育の授業に参加して、ドッジボールをしなければならないことになったときは、ボールが怖くて逃げ惑っているばかりだった。

中学に入ったころから体が丈夫になって、器械体操部に入ったが、それほど厳しい特訓があったわけでもなく、運動をすることが楽しいとも思えなかった。

15歳で仕事を始めると、

「怪我でもしたらたいへん、親の死に目にも遭《あ》えない仕事なのだから救急車で運ばれるようなことは一切してはいけません。霊柩車で運ばれるまでは現場に行きなさい」

と所属事務所の社長に言われ、一切スポーツは禁止された。

10代後半から事務所に内緒でジャズダンスを習いはじめたが、仕事の合間を見つけてのレッスンだったから、技術の進歩を楽しむという域にも達しないうちに事務所によばれて、「踊れるんだったら、レビューショーやミュージカルの仕事もできるわね」

と言われ、息抜きのはずのジャズダンスのレッスンが、仕事のための訓練になり、いやいや行く日も増えて、楽しむまでにはならなかった。

くり返す不思議な現象

最近は筋肉維持をしないと足腰が弱るお年頃だから、ジムにでも通おうかと口では言うが、まったく行動には反映しない。

食べ物に関してもなんでも食べるが、野菜中心とか、何品目必ずとるとか、サプリメントで補助するとか決まりもなく食べたい物を食べたいときに食べ、飲みたい物を飲みたいだけ飲む。

私の生活の中に、ストイックという言葉はない。ただひたすら、自分の本能のまま暮らしている。

その本能が、油揚げか牡蠣と叫ぶ時期になると、眠りも変化してくる。

冬が近づくと、なにしろよく眠る。

年をとると、早起きになるとか、眠りが浅くなるとか言われるが、そんなことは、まったく私にはない。むしろ、一日中寝てろと言われれば、喜んで、と苦もなく寝られる。ときには食後すぐに寝てしまい、昼近くまで熟睡してしまうのだから、むしろ目が覚めたときに（ああ、目覚めてよかった。一生寝たままでなくて助かった）と笑ってしまうこともある。

食べたい物をたらふく食べ、眠りたいだけ眠る。これは、私にとってはやっぱり冬眠なのかもしれない。そして、春になると、もう一つ私の体に変化が起こる。

1～2週間なのだが、ネギ類を受けつけにくくなる。

どうなるかというと、ある日オニオンスープを飲んでいたら、急に喉《のど》が締めつけられたようになって、口の中がどんどん腫《は》れていくような感覚に見舞われた。

実際に腫れたのかは確認できなかったが、その日から、ネギ類が入っているものを口にすると、同じ感覚があらわれ、病院に行くほどじゃないよねって思いつつも、ネギ類を避けるようになった。

ハンバーグやシチュー、カレーやスープ類には玉ねぎは欠かせないから、これらはNG。肉じゃが以外の和風煮物にネギなし味噌汁が中心の食事を1～2週間続けると、嘘《うそ》のように症状がなくなり、その後はネギ類も平気で食べられるようになるのだ。

いまだに何故なのかわからないまま、くり返す春のこの症状を、毎年、病院に行くべきかと思いつつも、いずれなんでも食べられるようになるのだからと、病院にも行っていない。

秋にきつねに取り憑かれたかのように油揚げを食べたり、牡蠣を爆食いし、眠れるだけ眠り、春にはネギ類に呪《のろ》われつつ、後に和解し、夏を迎える。

まあ、私のように本能のままの生活をすると、動物の血が騒ぎ、このような不思議な現象が起こるのかもしれない。

ただ、この年齢で眠りが深く長すぎるとか、一時的にでも何かを食べるとアレルギー反応とも思える症状が出るのは、何か病因があるのかもしれない。

病院に行ったほうがいいのかなと思いつつ、春を待とう。

「ターダッキン」をつくる

わが家の餌づけ作戦

「ターダッキン」って、知ってます？

アメリカ料理というか、サンクスギビングデー、いわゆる感謝祭に食べる七面鳥料理の一つだ。

日本では、お盆やお正月に家族や親戚が集まるが、アメリカでは、このサンクスギビングデーとクリスマスに、家族揃って食事会をするみたいだ。

わが家はアメリカナイズされているわけではないが、なにかにつけて食事会をする。だって食事会にでも誘わなきゃ、娘も息子も、そうそう実家には顔を出さず、母としては、ちとさみしい。

食事会には友人たちも巻きこんで、いつも10人から20人近く集まってくれるから、料理に腕もふるいたくなる。

ホームパーティーですかと聞かれるが、パーティーってドレスコードがあったり、もうちょっと気取ったイメージがあるが、うちのは単なる食事会。

老若男女集まって、近況報告、情報交換、恋愛相談、時事問題、なんでもありの、食って飲んで、飲んで食っての集まりだ。

元旦のおせち料理からはじまり、節分には恵方巻き会をし、3月3日はひな祭り、4月4日はゲイの友人たち中心のひな祭り!?

5月5日はこどもの日と私の誕生日プラス母の日、6月は息子、娘の誕生日会。

7月、8月、9月はこれといった記念日がないので、夏バテ防止夏野菜食べ放題会だったり、バーベキュー、ソーセージをつくる会、誰も本物は食べたことはないスコットランド料理・ハギスをつくる会（これ、めちゃくちゃ大成功。内臓料理なんだけれど、うまかったとはいえ本物は誰も食べたことはないのだが。149ページ参照）。

10月はハロウィン、11月はサンクスギビングデー、12月はクリスマスと（どれも、その近辺の土曜日にするのだけれど）なんだかんだ、ひと月に最低1回は食事会。

それ以外にも、なにかと理由づけして、だいたい週末は、誰かわが家にいる。

私はこの食事会を、わが家の餌《え》づけ作戦と思っている。おいしいものや珍しいものをふるまえば、自然に人は寄ってくる。料理好きの面々も集まる。

食べること中心の連中は洗いものやお酒のサービスをしてくれる。近所の若い男子は買い出しのときの荷物持ち、拭き掃除隊など役割分担が自然にできあがってくるから、準備段階から何人か集まって、わいわいガヤガヤ、食べる前から楽しいのだ。

それに１ヵ月以上、私から食事会の誘いがなかったら、あれ、死んだか？　大丈夫？　病気か？　と気にしてくれるだろうから、生存確認してもらえるための餌づけでもある。

ターキー＋ダック＋チキン

で、ターダッキンだ。

娘から、「ママ、彼がもう４年もサンクスギビングデーの家庭料理食べてないって、しょげてるから、代わりにつくってあげて」

「なに言ってんの、あなたの彼なんだから、あなたがつくりなさい」と私が言うと、

「うち、オーブンないし、サンクスギビングするのって、人集める理由になるんだから、ママも嬉《うれ》しいでしょう」

娘には、見抜かれている。


ま、たしかにそれまでの11月はキノコ鍋会くらいだったから、もう一つイベントが加われば、またみんなで楽しめる。

娘の彼はアメリカ人だ。

「サンクスギビング料理って、ターキー焼けってこと？」と聞くと、

「そう、ターキー食べたいんだって。ママも私も、ターキーあんまりおいしいって思ったことないよね。なんか、パサパサしてて、でも、それがいいんだって。じゃ、ママ、任せた、よろしく」


さっそく料理好きの友人を集めて作戦会議って、これも飲み会になってしまうのだが。その中で、ターダッキンっていう言葉が、もっちゃんから出てきた。

「YouTubeで見たんだけど、ターキー1匹の中に、チキン1匹を入れて、その中にダック、つまりアヒルを入れた料理があるんですよ。で、ターダッキンって命名されてる、どうせなら、それ、しましょうよ」

もっちゃんらしい。

彼は歴史研究家。なんでも、下調べを完璧にこなす。

日米ハーフの俳優で翻訳家のリッキーが、「僕、アメリカに住んでたときにも、そんなものは食べたことないですよ。ターキーの中にチキンとダック入れるってことは、まずはターキーを解体するんですよね」

もっちゃんは、「そう、お腹開いて、関節はずして、骨抜いて、チキンもダックも同じように解体して、全部骨抜きにして、スタッフィングを詰めて成形して、お腹を縫って焼く」

これ、料理の話か？

サンクスギビング1週間前に、ターキーを買った。13キロ、こういう重いものを台所まで運んでもらうためにも、食事会イコール餌づけが大事なのだ。

冷凍ターキーを解凍するのに3日、その後、解体作業が始まった。小さなチキン1匹くらいなら私もできるが、今回は13キロの七面鳥、男手が必要だ。

もっちゃん、リッキー、リッキーの彼女が張り切った。

もっちゃんの下調べは完璧。消毒用アルコールから、手術用ゴム手袋まで用意されて、ダイニングテーブルが完璧な手術台になり、解剖教室さながら、見事にターキーもチキンもダックも骨抜きにされた。

「いやあ、食べる前から、こんなはじめての経験できるなんて、なんか興奮しました。どんな鳥でも、これからは解体できますよ、僕」とリッキーが言えば、

「ビデオに全部、工程を収めたので、後で見直しして、来年のサンクスギビングは、もっと段取りよくできるようにしますね」

さすが研究家のもっちゃんだ。

そして、これからが私の出番。

3種類の肉を、それぞれたっぷりの塩麹《しおこうじ》に漬けて冷蔵庫で寝かせて、サンクスギビ

ング前日に、娘の彼氏のママから送られてきたレシピでスタッフィング（詰め物）を再現して、三体合体させてお腹を縫い、ターキー丸々、オイルマッサージをして、当日はバターを塗って、オーブンに放りこんだ。

息子は「ターダッキンの日本名は鬼畜の食べ物だな」と言って笑った。

総勢16人、たらふく食って飲んだ。

塩麹のおかげで、パサつきやすいターキーもしっとりし、「うまいうまい」と娘の彼氏はじめ、みんなが褒めてくれて嬉しかった。

娘の彼や息子の彼女を交えての食事会、彼らにとっては親や友人たちに認められている関係と思うだろう。でも、適当なつきあい方や下手な別れ方ができないな、という布石《ふせき》にもなっているわけよ。

ジャパニーズアレンジの威力

食の好みの原点

食の好みは人それぞれだ。和食好きもいれば、「最近、イタリアンばっかだよ」と言う友人もいる。

「いつからイタリア人になっちゃったの？」と笑うと、

「そうなのよ。でね、私なりに原因を考えてみたの。そしたらね、うちの母のせいじゃないかと思うのよ。なにしろ、料理が下手だったんだよね。

ハンバーグとかナポリタンとかつくってくれるんだけど、どうして、こんなにおいしくなくつれるんだろうって思うくらい、ひどいの。カレーでもよ。だから、おいしかったのは給食よね。私の味覚は、給食で育っちゃったんだな」

そして、「父なんて、夕食時に帰ってくる人じゃなかったし、昔の男って、家族に無関心だったじゃない。父が文句言わなかったら、子どもたちは文句言えない時代だからね。弟なんて、いまや、ご飯そのものに興味ないもんね。私たちの時代、食育なんて言葉もなかったしね。でもね、そのおかげで、弟の嫁さん、楽してるって」と言って、笑った。

「でも、だったら、イタリア人にならずに、和食通《つう》になって、日本人になればよかったのに」と言うと、

「あなたは、おばあちゃん子だから、ちっちゃいころから、煮物とか魚とか食べてきただろうけど、私ほとんど食べてないからね。

いまの給食は、ご当地グルメとか、カニが1匹出てきたりするらしいけれど、私たちの時代の給食はねぇ、結構お粗末だったわよね。そこで味を覚えた私としては、イタリアンみたいな、わかりやすい味がいいんだと思う。

出汁のコクだとか、わかんないというより、興味ないし、生魚食べられないから、お寿司も嫌い」

彼女は私より3歳年下のバリバリのキャリアウーマン。それこそ、キャリアウーマ

ンという言葉が出てくる前から大学卒業後は大手メーカーで働き、初の女性課長になったと、当時は週刊誌にも載った人だ。

独身を通し、高層マンションの一室と、バンコクにコンドミニアムを持っている。

「世の中からは、女の勝ち組って言われるけれど、執行役員に残るか、定年退職をして退職金をちびちび使いながら、バンコクで暮らすか？

物価が安いから、老後を考えてバンコクにコンドミニアム買ったんだけれど、いまからバンコクで友人つくれる自信もないわ。

高くても、ハワイとかにしておけばよかった。アメリカ人からだったら、日本人は10歳以上若く見られるっていうから、まだ結婚のチャンスもあったかもよねぇ」

「バンコクで、超金持ちの独身じいちゃん探しなさいよ」と言うと、

「無理無理、日本女性は男性に尽くすって、タイ人は信じこんでるのよ。

私、尽くさないもん、っていうか料理もできないし、掃除も嫌いだし、いまさら子どもも産めないし」

「大丈夫よ、アジア人の金持ちだったら、いっぱいお手伝いさん雇っているから、なにもしなくて大丈夫よ。綺麗な格好して、夕飯一緒に食べて、一緒にお酒飲んで、後の夜のおつきあいは、あなたのテ！ク！ニック!!」と言って、2人で大笑いした。

食の好みの違いや、料理をつくるつくらない、料理自体が好きか嫌いかは、幼少期の家庭環境だけが影響するわけではないだろうが、私の友人たちの中でも料理に興味がない人たちには、家庭料理をあまり食べたことがなかったり、親の味つけになじめなかった人もいる。

また、それが反面教師になって、中学時代から、自ら台所に立って夕飯づくりを始め、プロ級になった人もいる。

賛否両論の「ハギス」

わが家に集まる料理好き友人たちと一緒に、たまに変わったものをつくる。

私は、いまや日本は世界でいちばんご飯のおいしい国だと思っている。

世界の日本食ブームもさることながら、イタリアン、フレンチはもちろん、アジアの味やあまりなじみのない国々の料理を、日本人はもちろん、本国の人たちにまで納得させる、日本流のアレンジで、外国人観光客も舌鼓《したつづみ》を打つ。

「イタリアより日本のピザのほうがおいしい」と、イタリア人が薦《すす》めるお店が日本にはあるくらいなのだから。

故にお金を出せば、おいしいものは何でも食べられてしまう。

だったら、日本ではほとんど食べられないものをつくってみようではないかということで、料理好き友人がたまに集まるのだ。


ハギスをつくろう。

これはスコットランド料理で、茹《ゆ》でた羊の心臓、肝臓、肺、オート麦、たまねぎ、ハーブを牛脂とともに羊の胃袋に詰めて茹でるか蒸《む》すかする詰めもの料理だ。一度つくったことがあったが、そのときは羊の胃袋が手に入らず、ジップロックに入れて茹でた。

「内臓料理は、ちょっと無理かも」と言っていた友人にも、好評だった。

でも、このハギスには逸話《いつわ》がある。

フランスの大統領は、２００５年、ロシアの大統領、ドイツの首相との会談の中で、イギリス料理の例としてハギスを指して、

「ひどい料理を食べるような連中は信用がならないということだ」と言ったとか。

イギリスの新聞は猛反発したが、イギリスの大臣は、

「ハギスに関してなら、フランス大統領のご説はごもっとも」と返したと言う。


母国でも、賛否両論のある料理。

今回は、羊の胃袋も手に入れ、スコットランドの典型的なつくり方でつくることにした。

これは、ネットの威力。なんだって手に入るし、なんだって調べられる。

10人の友人が食べた結果、５人が、

「おいしい、すごく好き」

「はじめての味、気に入った」

「これ、余ったらコロッケとかにしてもおいしそう」

そして、あとの5人は、

「なんなんだかなぁ。ひと味、足りない？」

「匂いもないし、まずいってわけじゃないんだけれど、しょっちゅう食べたいもんでもないな」

息子にいたっては、

「外交問題に発展する食べ物であることは確認できた」とみんなを笑わせた。

食の好みは人それぞれ。

それだけに、万人が納得できる世界中の料理を提供する日本の食文化は素晴らしい。

ハギス第3弾は、ジャパニーズアレンジが必要だ。

夜のお出かけ

遠出がちょっと面倒に

子どもたちも独立すると、私の夜は結構、暇になる。

夕飯を共にする、長年つきあいのある男女の友人もそれなりにはいるが、なにしろ私は昨今、繁華街に行くのが好きではなくなった。

友人たちはどうせ夕飯を食べに行くなら、テレビで話題の店だったり、雑誌で見た星の付いている店に行きたいと言う。

「繁華街が嫌なら、隠れ家的レストランならどう？　自由が丘の住宅街の中に、いいお店ができたらしいよ。

それとも、白金《しろかね》はどう？　この間、みっちゃんが行って、すごくよかったって言ってた。リーズナブルだし、静かだし」

繁華街が好きではなくなったと言ったのには、騒音や人混みが苦手になったからだけではなく、店や友人のＴＰＯに合わせるために、それなりの準備をしなければならないことが、ちょいと面倒になってきたのだ。

　さすがに、近所のコンビニに行くときのスエットで行くわけにもいかず、多少は化粧もしないとね。

　若いときは、すっぴん、スエットでも店によっては許してもらえたかもしれないが、もうこの年代になると、それなりに小綺麗《こぎれい》にしないと、相手に失礼だと思うようになってきたのだ。

　小綺麗にするために、薄化粧をしはじめると、なんか気持ちを仕事モードに切り替えているような気分になり、友人と夕飯の約束をしたこと自体、後悔してしまうときがあり、

（これはまずいぞ、相手にも失礼だぞ）と、わかっちゃいるが、思わずため息が出る。

　家の居心地がいい、近所にほとんどのものや店が揃い、遠出する必要がないということもあるが、

「え～、またリサン家《ち》の近所のお寿司屋さん？　たまには遠出しなさいよって言った

って、あなたんとこ、新宿まで5分、渋谷まで15分くらいでしょう？　六本木だってすぐじゃない。おいしいお寿司屋ができたのよ！　行こうよ〜、ちょっとおしゃれして」

そう、この〝ちょっとおしゃれして〟も面倒くさくなってきてしまった。

ファッションモデルという仕事をしていたときは、世界の最前線の流行の服を仕事でいやというほど着た。

自分でも、高価だったが気に入れば、買って着た。

とても個人では購入できない金額の宝石や毛皮に身を包んで、ショーもした。

このような高価なものを身につけて人に見せるという仕事には、優雅な仕草や、醸《かも》し出される気品や教養を身につけなければいけないと、私なりに努力もしたつもりだ。

当時の世界中のファッションは、高価でお金持ちの大人が楽しむもので、ファッションショーの多くは、オートクチュールのコレクション。一部のお金持ちのご婦人たちのみに公開されたものがほとんどだった。

その当時の子どもたちは、1年に1回デパートに連れていってもらい、デパートのレストランでご飯を食べて、お洋服を買ってもらえたりしたら、ちょっとお金持ちの仲間入りをしたように思い、次の日、学校で自慢したものだ。

ファッションは大人のもので、いつか自分も大人になったら、あんな素敵なスカートをはいてみたい、あんな高価なバッグを買える人間になりたいと憧《あこが》れた。

その大人のファッションの参考になったのは、映画スターたちで、オードリー・ヘプバーンの衣装はジバンシィということが有名になったし、モナコ公妃になったグレース・ケリーが第一子妊娠中にお腹の膨《ふく》らみを隠すように持っていた、エルメスのバッグがケリーバッグと言われ、世界中の話題になった。

「六本木の寿司屋に行くか行かないか」問題

ファッションは少しずつ時代とともに変わっていく。

若者向けのプレタポルテのコレクションが、パリコレで不動の地位を築きはじめた。

この現象?の貢献者に「ＫＥＮＺＯ」のデザイナー、高田《たかだ》賢三《けんぞう》さんを外すことはできない。パリで最も成功した日本人デザイナーと言っても過言ではないと思う。

ファッションはハイソサエティの一部の人が楽しむものではなく、庶民、その中でも若者が楽しむものという流れが、あっと言う間に世界に広まった。

ファッションはパッションであり、若者の主張であるという位置づけになっていったように思う。


そしていま、ファストファッションが主流になりつつある。

手軽に誰でも、それほど高価でなく手に入れられる。

店が近くになくたって、ネットで頼めば一部のものを除いて、なんでも世界中から手元に届く。

若者のご意見は、

「クリーニング代出して何年も着るより、捨てちゃって、来年新しいの買ったほうが安上がり。1回くらいしか着なかったら、ネットで売れるし、ファッションってどんどん変わっていくからおもしろいじゃない。

えー、何年も持ってる服？　あー、ブランドのバッグは高かったから大事に使ってるよ！　そこそこの店に食事に行くときなんかは、水戸黄門の印籠《いんろう》みたいなものよ。服は、よっぽど気に入ったコートとかじゃない限り、シーズンごとに処分するね」

この若者は自称、そこそこ稼ぐ金融関係ビジネスウーマン、週末の遊び場は六本木か西麻布が中心。

若者がすべて、この考え方ではないだろうが、自称〝出来る若い女〟たち（実際になかなか優秀な子なの）ほど、ファッションは使い捨てが中心になってきたようだ。

で、私は六本木の寿司屋に行くのか、行かないのか？

行った！

うまかった。

思ったほどは安くなかったが、でもね、お客は金融業界、ＩＴ業界の若者エリート？サラリーマンか、キャバ嬢同伴中年男性。新しくできた六本木の寿司屋で寿司を食べることもファッションなのだ。

一度か二度来たら、また新しい店に行けばいい！

寿司屋経営者としては、そこをどう乗り切るかはお手並み拝見。

食べることも、洋服を着ることも、酒を酌《く》み交わすことも、誰かと話すこともすべてファッションとして受けとめる時代なのかもしれない。

私、その表面だけのファッションに飽《あ》きて、遠出が面倒になってしまったのかもしれない。

第5章 「ひとり好き」の直言

人は何のために生きるのだろう

みんな死に向かって生きていく

私にとって、亡くなった母のいちばん言ってはいけない口癖は、「あんたなんか産まなきゃよかった」だった。

母の仕事が順調でなかったり、彼氏とうまくいかなくなったり、経済的に苦しくなると、平然と私の前で言ってのけた。

いまの時代なら、言葉による子どもへの虐待《ぎゃくたい》にもなり、毒母とも呼ばれるのだろうが、子どものころの私は、

（あーあっ、また言ってる）

くらいにしか思っていなかった。

私が反抗期になると（15歳で仕事を始めたので若干《じゃっかん》短めの期間）、

「産んでくれってお願いした覚えはないわ。勝手に産んだくせに、あなたが母親だってわかっていたら生まれてこなかったわ」なんて、口ごたえをしていた。

20歳のころ、失恋した友人が、

「失恋ってこんなにつらいなんて、もう死にたいわ。生まれてこなきゃよかった」と言って泣かれても、

「生まれてきちゃったんだから、仕方ないでしょう。お父さんとお母さんがセックスしたっていう証拠だってこと」

若いころは、平気でそう言っていた。

愛があろうがなかろうが、男女がセックスをした結果、子どもは生まれる。望まれてこの世に誕生する子もいれば、出来ちゃったどうしよう、仕方ない、産むしかないか、で生まれる子もいる。

そして、この世に誕生した瞬間からすべての生物は死に向かって歩きはじめる。

よく考えれば残酷なことだよね。

私がそのこと、死に向かって生きる人間を誕生させるってことは本当にいいことな

のか？　と本気で考えはじめたときは、時すでに遅しで2人の子どもを産んでからだった。

悩んだところで仕方ないと思いながらも、１９８０年代に流行《はや》ったディンクス（DINKs）という言葉に反して、私は子どもを産んだのだ。

ダブルインカム・ノーキッズ、つまり子どもをつくらない共働きの夫婦。互いの自立を尊重し、経済的にゆとりを持ち、それぞれの仕事の充実などに価値を見いだす結婚生活をいう（デジタル辞書引用）。

80年代はとくにアメリカでの女性の権利はもとより、職業を選べる自由、働く自由が当たり前と主張できるようになってきた時代で、故にDINKsのような言葉もできた。自分の人生、自分一代で終わらせるというDINKs生活を選んだ夫婦のその後は、夫婦ともどもビジネス的には大成功し、地位も向上し、経済的にもゆとりができると、夫は後継者が欲しくなり若い女と再婚、別れた元妻は子どもが欲しいと思ったら体外受精でしかできないという皮肉な現実が待っていたカップルも多いと聞く。

もちろん、子どもを持つか持たないかは個人の自由だし、私のように子どもたちを産んでから、生き物はすべて死に向かって生きていくって、本当は残酷なことだと感じたからって、もう後戻りできないわけだが。

誰かに必要とされたい

なぜ、人は子どもが欲しいのだろう。

動物的に子孫維持が本能の部分もあるだろうが、

「えー、そんなこと、考えていない。だってかわいいじゃない、子どもって」

と言う人から、血統を末代までつなげたいと思う人もいれば、

「結婚したら子どもが絆《きずな》になるじゃない」と考える人もいる。

私が、「でも、死に向かって歩かせるって、すっごく残酷なことじゃない？」と言えば、

「そんなこと考えたこともない。死ぬなんて考えていたら、なんもできないじゃない」

確かにそうだ。

ただ私は、キリスト教系の学校で育ったせいか、悪いことをしたら、死後天国には

行けなくなるから、常に正しい人間でいましょう的（正直、いまだに正しい人間ってなんなのか、試行錯誤しているが）教育を幼稚園から約12年間受けてきたせいもあるのだろうか？

死というものが常に意識の中にあり、ときには恐ろしさも感じていた。

そして60代になって、死が遠い存在ではないと実感すると、それほどもう長くはない自分の人生、人は何のために生きるのか？

私は、子どもを産んだ挙《あ》げ句《く》に死に向かって生きる人間を2人も誕生させてしまって残酷なことをしたと思いつつ、誰かに必要とされたいという人間的な欲望は達成されたのかもしれない。

そうね、人は誰かに必要とされたい。

仕事においてもそうだし、友人や家族にもそう思ってもらえたら生きていられる。

また、同僚、友人、家族とともに、成功や挫《ざ》折《せつ》、喜怒哀楽を共有することで自分の存在を自分自身で確認できるということは、その裏には孤独を少しは軽減できるという部分もあるのだろう。

人は何のために生きる？

生まれてきちゃったんだからしょうがないと、そう思った時期もあった。

カトリック系の学校で育った私だが、正直、神は存在するかどうかは疑問だが、この世に生まれてきた人間には神が与えたのか、宇宙の力が与えたのか、なにかしら役割があるのではないかと思う。

その役割で、後世に名を残すような偉業を達成する人もいるだろう。

百年後の歴史の教科書に載る人もいるだろう。

おこなったことによっては悪名で史実に残る人がいたとしても、そのことによって多くの人たちが襟を正すのであれば、その人の存在価値もあるのかもしれない。

だけど、ほとんどの人たちは偉業の達成も歴史上の人物になることも、ましてや悪名高き悪人にもなれない。

それでも生まれてきたひとりひとりに役割があるとしたら、この世に産まれてきて幸せだと思える時間や瞬間を共有、共存、共感できる人とたった1人とでも出会えれば、役割は充分はたしているのではないかと思う。

そして、どちらかが亡くなったとき、残された相方は幸せだった思い出を誰かと共有するのかもしれない。

誰かに、私が生存していたことを覚えていてほしいと思って生きてきた人の思いは達成できたことになる。

人は何のために生きるのか？

結論は出ないし、もしかしたら死の直前にはじめて気がつくのかもしれないが、子どもたちから私の子どもで生まれたことは、次代ではお断りと言われないよう生きていこう。

冷たい時代の正義感

無関心を装う人

私が19歳のときのこと。電車に乗ろうとして前に進んだら、隣の人に、

「荷物が足に当たった、謝《あやま》れ」

と怒鳴られ、戸惑っていると、

「なんだ、その面《つら》は、謝れないのか」

と言われて、突然顔をひっぱたかれた。

男はそのまま違う車両へ、肩で風を切って歩いていった。

何がなんだかわからず、呆然《ぼうぜん》としている私に、誰も見て見ぬふり。それからは、電車に乗るのが怖くなった。


娘が高校生のときのこと。同級生が電車で痴漢にあって、

「触らないでください。この人痴漢です」

と勇気を出して叫んだら、

「おまえみたいなブス、誰が触るか」

と言われ、お腹を思いっ切り殴られ、男は次の駅で降りた、という話を聞いた。

娘は、

「突然のことだったから、みんなびっくりするのかもしれないけれど、誰も男を取り押さえるとか、車掌《しゃしょう》さんに知らせるとかしなかったんだって。

おばさんが一人だけ『大丈夫』って声をかけてきて、『警察に一緒に行こうか』って言ってくれたけど、友だちは悔《くや》しいのとお腹殴られた痛さで、『もういいです。大丈夫です』って言って学校に来て倒れちゃったの。

でもさあ、電車には男の人もたくさん乗ってるわけじゃない。日本の男って、正義感って持ってないの？　何かあったら、助け合おうっていう気持ちないのかな。

そうかあ、女だから男に守ってもらえるなんて時代じゃないんだね。女も自分の身は自分で守る時代ってことだね」

と言っていた。

その10年後、娘は埼京線の電車の中で、倒れる女性に遭遇した。

「埼京線って、駅と駅の間隔が長いじゃない。次の駅まで、結構時間かかるから、どうしようって思ってまわり見たら、みんな、何事もなかったようにスマホやってんだよ。もう、って思って、倒れてる人に声かけたわ。

大丈夫ですか、って言ったら、ちっちゃな声で、貧血だと思います、って言うから、あっ、大丈夫、生きてる、意識あるわって思って、じゃ、次の駅で降りましょうね、って言って、立てますかって言ったら、私の腕握るから、揺れてる電車の中で共倒れするのもたいへんだから、誰か、席空けて手伝ってくださいって言ったのに、みんな、隣とかを見まわして、えっ、私がするんですかみたいな顔してるの。

もう、頭にきたから、結構力のありそうなお兄さんに向かって、そこのグレーのスエットのお兄さん、席空けて、抱き起こすの手伝って、その隣のお兄さん、車掌さん呼んできてって言ったら、ようやく2人だけ動いたんだよ。

信じられない。でもね、なんかで教わったんだわ、前に。いまの時代は誰か助けてって言っても、みんな無関心だから、あなたです、みたいに指名しないと動いてくれないってこと。本当にそうだったわよ。
しかもね、車掌さんが来て、『倒れている人の友人の看護師さんから、車掌に知らせろって言われたっていうお客さんが来たんですけど、お友だちどんな様子ですか。大丈夫ですかね』
私、『この人の友だちでも看護師でもありません』
まわりにも聞こえよがしに大きな声で言ったけど、結局、他人だったら余計なお世話するなってみんな思ってんのかなと思ったら、なんか情けなかった。思いやりだとか助け合いだとか、口先だけの人が多いのかな。都会だからなのかな」
埼京線の乗客全員が都会人とは思えないが（失礼）、でも都会人とか都会だから冷たいというのも違うと思う。
みんな、無関心を装うのは、人とどう関わったらいいのかを家庭や社会から教わることが希薄になったせいだろう。大家族だったり、いい意味での村社会の中に育ったら、自分の立ち位置というか、立場や状況を自然にまわりから教えられる。
家族の長や親戚の怖いおばさんや近所の口うるさい親父に、子どものころから、ああだこうだと日々の振る舞いを注意される時代から、核家族が多くなり、個人主義だからと隣は何をしているかも無関心が時としてよしとされる昨今、何かあったとき、どう自分が振る舞えばいいかを身につけるチャンスがなくなりつつあるのかもしれない。

余計なお世話と受け取られて

自分の振る舞いに自信のない人にとって、スマホは大いなる味方になってくれるし、動揺しているかもしれない内心をカムフラージュしてくれる武器にもなるのだろう。

私も新宿駅構内で友人と待ち合わせをしていたとき、改札口からいまにも倒れそうになりながらふらふらと蛇行《だこう》してやってきたおじさんが、ベビーカーの上に倒れこんだのに遭遇した。

ベビーカーは横倒しになり、1歳くらいの子どもが投げ出され、ものすごい音とともに床に頭を打ちつけて、火がついたように泣いた。

倒れこんだおじさんは、泡を吹いて気絶していた。

ベビーカーを押していた母親のきゃーという叫び声に、一瞬通行人は足を止めたが、倒れたおじさんと泣く子どもを見て遠巻きにしつつ、何事もなかったように通り過ぎていった。

私と中年のおじさんが一人だけ、泣き叫ぶ子どもと倒れているおじさんに駆け寄ったが、あとは誰も知らん顔だった。

「誰か、駅員さんを呼んでください」と言っても、誰一人足も止めない。

一緒に駆け寄ったおじさんが、

「僕が行ってきます」と言って走り出した。

母親がベビーカーを起こして、泣いている子どもを乗せその場を去ろうとしたので、思わず私は、

「とても強く頭を打ったみたいだから、病院に行ったほうがいいんじゃないですか？駅員さんに救急車呼んでもらったほうがいいのでは」と言った。

「いえ、結構です。泣いてるし、大丈夫です」と母親は断った。

「でも、頭のことだから、それに後から何かあったときにも、駅員さん立ち会いで状

況を把握《はあく》しておいてもらったほうがよくありませんか？」

いまだに泡吹いて気絶しているおじさんだって、故意にしたわけではないだろうが、こういう事故って、もし後遺症が出たりしたときに、その状況を現場の責任者とかが把握していないと訴えようもなくなる。

「急いでますから、結構です」

母親は余計なお世話と言わんばかりに、その場を去った。

駅員さんが来て、私と中年のおじさんから状況を聞いて、救急車も呼んで、泡を吹いていたおじさんは病院に運ばれた。

子どもが巻き添えになったことも話したが、立ち去ったのであれば、保護者の責任ということになった。一緒に駆け寄ったおじさんが、別れ際に言った。

「日本一乗車率の高い駅で、知らん顔か。冷たい時代だね、正義感なんてないのかね」

正義感って、悪をただす気持ちを貫《つらぬ》くことでもあるが、道徳的な心情を優先するという意味もある。

　よかれと思ってする振る舞いを、余計なお世話と受け止められることがあっても、私も娘も正義感がある人間でいたい。

躾ができない親へ

お灸の思い出

明治生まれの祖母に育てられた私だが、当時の子育て、いや孫育ては、体罰は当たり前。いまだったら家族からのパワハラ、虐待ありと言われても仕方なかったかもしれない。

祖母は、着物を仕立てる内職をしていたので、常にそばには竹製の物差し、約１メートルの竹尺《たけじゃく》を持っていて、よくそれで叩《たた》かれた。

しかも、その竹尺の中心が真ん中くらいまできれいに割れていて、それで叩かれると、ビューンという音とともに、２枚に割れているしなった竹が、微妙な時間差で、手などにあたり、竹の割れ目に皮膚が挟《はさ》まれ、しっかりと叩かれた痕《あと》が直線に残った。

また、食事のマナーなどが悪いと、

「何度言っても、わからないのなら、お灸《きゅう》を据えますよ」

と言われ、仏壇のお線香に火をつけて、手の甲にジュッとされたこともある。

いまだったら児童相談所行きか？

祖母の死後、手の甲にうっすら残っている2ミリサイズのお線香の痕を見ては、祖母とのさまざまな思い出に、涙、感謝。

私の根本をつくってくれた祖母を、体罰を受けたからといって、一度として恨《うら》んだことはない。


私は5、6歳のころから、子どもながら、大人の矛盾《むじゅん》もわかっていた。

「人の悪口を陰で言うなんて、そんな卑怯《ひきょう》な人間になってはいけない。言いたいことは本人の前で、正々堂々と言いなさい」

と私の前では言うわりに、近所のおばさんと、そこの嫁の悪口を言っている祖母の姿をよく見ては、大人って嘘《うそ》つきだなぁって、心の中で笑っていた。

そう、子どもだからって、子どもを子ども扱いしたいのは、大人の願望で、子どもは意外に冷静に大人の矛盾を見抜いている。

最近よく見かけるが、

「仕方ないのよ、子どもだから、じっとしていられないの。走りまわるのは子どもだから」

ファミレスなどで、そういう言いわけをしながら、ママ会をしている人たちの子どもは、親から走りまわっていいという、お墨付《すみつ》きをもらって、ギャーギャー騒ぎながら、走りまわる。


熱い食べ物などをサーブする従業員たちのまわりを子どもたちが駆けまわって、さすがに、

「危ないので、お席に戻るよう言ってください」と親が言われても、

「あらぁ、ごめんなさい。でも、子どもだから仕方ないのよ。あなたも、子どもを持ったらわかるわよ。まだ、お若いからわかんないでしょうけど」

躾《しつけ》ができないことを、子どもだからという言いわけで、親が子どもたちを野放しにする。

彼ら（子どもたち）はわかっている。

「道路で走ってはいけません。車とかが急に出てきたら、どうするのか？」と目くじら立てて日頃言ってる母親が、ファミレスでのママ会では、自分たちの時間を謳歌《おうか》したいために、野放しにしてくれる矛盾を。

子どもは褒めたら育つ？

私は、一度、そんな子どもたちの親分らしき子どもを、トイレの前でとっ捕まえて、低い声で静かに、だが、かなり目つきは怖めで、こう言った。

「ここは公園ではないのよ。このレストランは、犬もＯＫだから、うちの犬も一緒にいるけれど、犬だってわかってるの。

ここは、人間がご飯食べるところで、走りまわるところではないって。あなただって、本当はわかっているんでしょう。ここで走りまわるのはよくないって」

親分肌のちょっと小太りの少年は、仲間たちに、「席に戻ろうぜ。なんか飲もう、喉渇《のど》いた」と言って、母親たちのところに戻っていった。

急に静かになって戻ってきた子どもたちに、ママたちはこう言った。

「えーー、どうしたのぉ〜？　自由にしていいのよぉ〜。フリードリンクなんだからぁ〜。好きなもの、好きなだけ持ってきてぇ、飲みなさ〜い！

好きな席に移ってもいいよぉ〜。ほらぁ〜、あっちの席、空いてるから、あっちに行って、飲みなさ〜い」それからすぐ、ママたちは自分たちの話題に戻った。

子どもたちは、近くの席に座っていた私の顔色を見た。

私は、にっこり笑って、親たちが言ったあっちの席を、手で、どうぞという仕草をした。もちろん、これは、お店にはいい迷惑だが、走りまわられるよりはましだろう。

そんなに混んでいるわけでもないし。

それにしても、子どもだから仕方がないのよ！って本当か？

自分の子どものころを思い出してみよう。

私もそうだったが、意外と子どものころから、大人は矛盾だらけって、わかっていなかったっけ？

だから、これ以上やったら怒られるとか、これ以上怠けたらやばいとか、今日は親になんかあったらしい！　機嫌《きげん》悪そうだから、とばっちりくわないために、ちょっとおとなしくしていようとか、思わなかった？

子どもながらに、気をつかうときもあれば、バレない、いや、もしかしたらバレていたかもしれないけれど、ちょっとした悪さもしたよね。

おばあちゃんのお財布から20円ネコババするとか！

でも、その次の日に、駄菓子屋でこっそり、なんか食べたりすると、「家族に隠れて、ひとりで変なもの食べて、赤痢《せきり》になって死んじゃった同級生が昔いたわ。まあ、この時代は赤痢で死ぬこともないだろうけど。抗生物質って、ありがたいね」と祖母に言われ、わかっていて言ったのか、偶然だったのか、いまだにわからないが、急にお腹が痛くなって、

（もう、絶対に駄菓子屋で、隠れてなんか食べない）と心に決めたこともある。

時代も変わり、体罰はよくないという子育てが主流で、いまは褒《ほ》めて子どもを育て

ることが理想だと言われる。

社会人一年生たちの研修期間でも、互いに相手を褒めあう訓練をする企業が増えたという。

たしかに、褒められることで、子どもたちだけではなく、人は自信を持つ原動力になるだろう。

私は決して体罰容認派ではないが、

「自由でいいのよぉ、子どもなんだからぁ」

自由には、自己責任がついてまわるということも教えず、自由主義？　放任主義？

と言うよりも、野放し子育ては、どうなんだろう？

上にいる人へ

連日の不正疑惑

ワールドカップのときには、にわかサッカーファンになる私だ。

ロシアでのワールドカップは夜中の試合が多く、しかも熱帯夜。昼夜逆転の生活を何日か続け、挙げ句に朝からの異常気象に、体も頭もぼーっとする日々が続きすぎた。

テレビからは、「熱中症には注意しよう。家の中にいても熱中症になることがある。冷房をつけて、こまめに水分補給を」と、異常な気温に注意勧告。そして、日本の多くの場所で、かつてない大雨による災害。いままでに記録がない台風の進路での高波、強風の被害。猛暑、豪雨。

日本が壊れはじめているのかと、心配になる。


自然の猛威に対して、人間は微力だ。

その微力であるはずの人間の一部の人たちが、教育界やスポーツ界を壊しはじめている。

連日、報道される、権力を持った大人たちによるスキャンダル、不正疑惑。

組織や人の上に立ち、下の者を指導する立場の人間が、自分の私利私欲のために権力を使う。

権力ってなんだろう。

他人を支配し、服従させる力だと、辞書には書いてあった。

他の者に支配、服従を強《し》いるのなら、教育関係者やスポーツ関係者に権力を与え、権力者に仕立てあげてしまってはいけない。

国の長、会社の長、組織の長になりたいと、自分の能力を磨《みが》いたり、熱い信念を持って人一倍の努力を続けて仕事を頑張る人はたくさんいる。

そして、長になったとき、人はその人を、出世頭や出世街道を驀進《ばくしん》した、出来る人間と評価するだろう。

「実るほど頭《こうべ》を垂れる稲穂かな」は昔から言われていることわざだ。

故松下幸之助さんは経営哲学の中で、人の上に立てば立つほど謙虚さが必要で、熱意、人徳、やさしさなど、すべては謙虚な姿勢から滲《にじ》み出ているものではないかとおっしゃったそうだ。

だが昨今《さっこん》は、上に立つ人間は、謙虚さどころか、自力で這《は》い上がってきたんだという自負のもと、権力にしがみつく。

まわりの人間も、長い物には巻かれろとばかりに忖度《そんたく》をし、自分の考えなど言わなくなっていく。

そうなったら、権力を持った人間のやりたい放題になってしまうのも仕方がない。

だって、裸の王様なんだから。裸の王様に苦言を呈する人が出てきても、王様自らが首を切ることができるのだから、そんな現場を見てしまった人たちは、正義感や反骨精神を捨て、自分の生活を守ることに必死になるだろう。


ああぁーーー嘆かわしい。

そんなことが、スポーツ界や教育界で次から次に起こっている。

いや、昔からあったのだろうが、いまの時代はもう通用しないんだよ。

パワハラ、セクハラ、コンプライアンス、ガバナンス、いま、マスコミで槍玉《やりだま》に上がっているエライ人たちには、この意味さえわかっていないだろう。

まあ、どれも横文字っていうのも問題だが。

平気で悪さをする人たち

昔はまかり通っていた非常識なことや、セクハラやパワハラは、いまは通らない。

スマホのおかげか、どんな密談も録音できてしまうし、撮影動画も残せるから証拠になってしまう。

そしてそれは、すぐにマスコミに届いて公に流れてしまう。

悪代官にワイロを渡していた悪者顔の越後屋だって、いまの時代はすぐに寝返るだろう。

昔はセクハラに口を閉ざしていた女性たちも、立ち上がり、訴える。

だからこそ、権力を持てる立場になった人間は謙虚になり、まわりの人間を大事にし、信頼できる指導者として後任の人々のよき見本にならなければいけないのに。

お金も欲しい、名声や多くの人に尊敬もして欲しい、名誉も欲しい、できれば勲章も欲しいと思っている、権力を持った人間はいっぱいいる。

でも、それには、その人自身の人間性が大切だ。

人の意見に耳を貸すこともできず、すべての利益を自分だけに集中させたい、私利私欲に走る人間を誰が尊敬できるだろうか。

おこぼれをもらいたい取り巻きや、おべっかしか使えない無能な部下に囲まれて、

「俺はトップに立っている」

と叫んだところで、誰が羨《うらや》ましいと思うだろうか。

その挙げ句、マスコミから追いかけまわされると、いまだに政治家の常套《じょうとう》手段である病院隠れをして、世間が鎮《しず》まるのを待つ。

本当に正しいことをしてきたのなら、堂々と自分の見解を公表し、名誉を傷つけられたと思うなら、名誉《めいよ》棄損《きそん》で訴えればいい。

〝疑わしきは罰せず〟なのだから、後ろめたいことがないのなら、どんな状況でも、自分の正しさをアピールすればいいのに。

確かにマスコミの騒ぎすぎという部分も否《いな》めないが、パワハラ、セクハラの事件などは、司法に委《ゆだ》ねられる部分は司法の判断を待つということで静かに待っていたら、結局うやむやになることも多いように感じる。

だって、本来なら教育機関の指導や助成金の配分を決める省庁の役人が、悪い越後屋さんの紹介で、医大に助成金を割り当てるのを餌《えさ》にして、自分の息子を裏口入学させてもらったとか、もらわなかったとか？

その交渉時の録音テープがマスコミで流されると、裏口入学させた理事が、それをあっさり認めたとか、理事をやめたとか？

国の長に近い指導する立場の人たちまでが、こんなことを平気でするのだから、何を信用していけばいいのだろうか？

結局、裏口入学させられたかもしれない息子だって、ある意味被害者だ。

才能、能力が資格を満たしていない青年を医者につくりあげたって、ろくなことはない。

医療ミスをする医者になられた日には、患者もいい迷惑だ。

此処彼処《ここかしこ》でくり広げられるスキャンダルや不正疑惑、パワハラ問題。最大の犠牲者は、学生であったり、スポーツ選手だったり。

若者の芽を摘《つ》むおっさんたち（一部おばさんも関わっている）、もういい加減に権力の座から降りて、穏《おだ》やかな老後をお過ごしになってはいかがだろうか？

生かされているだけでありがたい

友人の死

新しい年を迎えて今年の抱負はなんですか？　なんて聞かれても、何もないというのが本心だ。

こう思うようになったのは、今年に限ってのことではない。還暦《かんれき》を迎える数年前から、生かされているだけでありがたいと私は思うようにもなっていた。

そのきっかけは、友人の死。

彼女と私はお互い20代前半に知り合い、週末、共通の友人たちとホームパーティーをしたり、麻雀《マージャン》大会をしたり、一緒に温泉旅行に行ったりしていた。

お互い結婚しても家族ぐるみでつきあいが続き、なんでも相談できる親友と呼べる間柄だった。

彼女は子どもを持つことを望んだが恵まれず、唯一それが残念だったと、50代を迎えるころに言っていた。

「子どものいない共働きの夫婦っていうのもいいものだって、最近気がついたわ。お互い気づかうようになっていくのよね、年をとることに。

互いに元気で定年を迎えたら、いろんな所に旅行に行こうなんて、主人は言うけど、あたしは正直、旅行は女友だちと行くほうがいいな。

ねっ、リサ、私の定年旅行は一緒に行ってよね。もれなく、主人もついて来ちゃうだろうけれど」

彼女は笑いながら言っていた。


その彼女が定年を迎えることもなく、56歳で亡くなった。

亡くなる半年前、おいしいものが大好きな彼女と一緒に、当時ちょっと評判になった日本料理屋さんでご飯を食べていたとき、突然、

「健康診断でちょっと引っかかったのよ。精密検査したほうがいいって、大腸がんの

可能性があるっていうのよ。どこも痛くないし、食欲もあるし、痩《や》せるどころか、最近太ったっていうのに、嫌んなっちゃう」

あっけらかんと言う彼女に、私は、

「がんだって、取りつく人を選ぶわよ。あなたはどう見ても、がんになるタイプには思えない。

あなた、いつも言ってるじゃない。『私って、ストレスに無縁《むえん》だわ。正直、ストレスが溜《た》まるって言ってる人の気持ちがわかんないんだよね』って。

がんの原因の一つに、ストレスがあるって言われてるでしょう。日頃、ストレスに無縁のあなたには、がんも遠慮して取りつかないよ。だいたいこんなに大食いできるがん患者なんて聞いたことない」

と私は言ってしまった。

すると、彼女は、

「そうだね。来週、検査が終わるはずだ。来月の3連休、どっか行こうよ。お手頃な温泉旅館、いまからでもとれるか、探してみとくわ」

私は日頃から電話魔ではない。むしろ、電話で長話するくらいなら、会って話すほうが好きだし、電話では要件しか言わないタイプ。それも1回で済ませたいので、こちらからたびたび連絡を入れることもない。

だから、1ヵ月近く経っても彼女から何の連絡もなかったのには、私はどう対処していいのか迷った。

そして、頭の片隅に、もしかしたら検査結果が悪かったのか？　と浮かんだ。こういうとき、みんなはどうしているのだろう？

何事もなかったごとく、「どうだった？　検査結果？　旅行どうする？」って、明るく電話ができる人はどのくらいいるのだろうか？

私にはできない。あるいは、

「もしかして、検査結果、悪かったの？　一緒にいい病院みつけましょう。名医も紹介してもらえるよう、私もあっちこっちに声かけてみるから。

大丈夫。元気になるよう一緒に頑張りましょう」

なんて、勇気づけることも、私にはできない。

がんを告白されて

最近、身近で起きたことだが、私もよく行くバーの常連さんが、そのバーのママに、

「私、じつはね、がんなのよ。5年ぶりの再発なの。もう、あの抗がん剤の苦しさを味わうくらいなら、このまま天命を全《まっと》うすることに決めたの」

とあっさり言ったそうだ。

ママも、それほど深刻な状態とは思わず、

「あら、私もそれが理想よ。60すぎたらボケちゃうよりは、がんで天命を全うするほうがいいわよね。ボケてまわりに迷惑かけるくらいなら」

と言ってしまったそうだ。


居酒屋を開いていた常連さんは、その後6ヵ月間、店に立ちつづけ、店を後輩に譲《じょう》渡《と》して、入院1週間後に亡くなった。

バーのママは、

「あのとき、5年前より最新治療もどんどん進んでいるんだから、ぜひ試したほうがいいって言うべきだったんだろうか？

私、理想の死に方なんて言ってしまって、まさか、こんなに早く亡くなるなんて思わなかったのよ。だって、自分の店を後輩に譲《ゆず》ったって、亡くなる10日くらい前に、後輩連れてうちに飲みに来てくれたのよ。

ちょっと元気がないかなと思ったけれど、あっけなく逝っちゃうなんて」

そうだよ。治療法は患者さんが選ぶのが当然だから、まわりがとやかく言うことではないが、がんかもとか、がんなのと告白されたとき、私はいまだにどう対応していいのかわからない。

私の20代からの女友だちも、その後、入院したとご主人から連絡を受けた。そして、お見舞いは当人が望んでいないこと、治《なお》る見込みがないことも告げられた。

お葬式で彼女の遺影は晴れやかに笑っていた。

もっと生きたかっただろう。もっとおいしいもの食べたかったよね。一緒にいろんな所に旅行したかったよね。

ご主人ひとり残して旅立つのは心残りだっただろう。

同年代の友人をあっけなく亡くした私は、そのときから、生かされているだけでありがたいと思うようになった。

著者略歴

一九五二年、東京都に生まれる。一九六八年、資生堂のサマーキャンペーンでCMデビュー、帝人専属モデル、雑誌「アンアン」などのトップモデルとして活躍。以降、モデルタレントの先駆けとして、テレビドラマ、バラエティ番組、映画、舞台に出演、女優、タレントとして活躍。二〇〇一年には、ビーズアート教室を開設し、ビーズ刺繍の普及にも努める。二〇一四年、母を介護した体験を赤裸々に綴った『母の日記』を出版。大きな反響を呼ぶ。現在、介護関係の講演も各地でおこなっている。

著書には『母の日記』(NOVA出版)のほかに、『60歳。だからなんなの』(さくら舎)、『秋川リサのビーズワーク』(日本ヴォーグ社)などがある。

快適《かいてき》！ひとり好《ず》き！
――いくつになってもセンスよく！

二〇一九年九月八日　第一刷発行

著者　秋川《あきかわ》リサ

発行者　古屋信吾

発行所　株式会社さくら舎　http://www.sakurasha.com

東京都千代田区富士見一-二-一一　〒一〇二-〇〇七一

電話　営業　〇三-五二一一-六五三三　FAX　〇三-五二一一-六四八一

編集　〇三-五二一一-六四八〇

振替　〇〇一九〇-八-四〇二〇六〇

装丁　石間　淳

写真　Toshimitsu Watanabe

印刷・製本　中央精版印刷株式会社

ISBN978-4-86581-216-9